"Ann Benton trae una riqueza de sabiduría bíblica, también mucho sentido común a este tema. La inmutable Palabra de Dios se aplica adecuadamente a los asuntos que enfrentamos los padres hoy día. Durante el transcurso de los últimos años he aprendido mucho de los seminarios de Ann acerca de cómo deben conducirse los padres, así también de su ejemplo como madre. Estoy fascinada con que haya escrito este libro y lo se lo recomiendo con entusiasmo, en especial a los padres que acaban de tener un hijo".

SHARON JAMES
autora y conferenciante

"Un agregado bienvenido y alentador a la literatura contemporánea acerca de cómo deben conducirse los padres cristianos. El libro está lleno de sabiduría bíblica dispuesta en seis lecciones. Es sincero, práctico, fácil de leer y alentador. El libro de Ann ayuda a los padres a ver la perspectiva de serlo. ¿Qué estamos haciendo? ¡Somos adultos! Al tomar este enfoque se nos alienta a observar las consecuencias de prácticas o estrategias en particular que son demasiado comunes hoy día. Los padres cristianos serán alentados y recibirán ayuda con el consejo práctico sobre oraciones familiares en la lección seis. Este libro no responderá a todo lo que tenga que ver con ser padres hoy día, pero le dará una guía divina".

STELLA M. STEPHEN
consejera y capacitadora de padres

¡Qué hermosos son cuando están dormidos!

¡Qué hermosos son cuando están dormidos!

Consejos para padres cansados

Ann Benton

PORTAVOZ

Título del original: *Aren't They Lovely When They're Asleep?*, © 2003 por Ann Benton y publicado por Christian Focus Publications, Ltd., Ross-shire, IV20 1TW, Gran Bretaña.

Edición en castellano: *¡Qué hermosos son cuando están dormidos!*, © 2005 por Ann Benton y publicado por Editorial Portavoz, filial de Kregel Publications, Grand Rapids, Michigan 49501. Todos los derechos reservados.

EDITORIAL PORTAVOZ
P.O. Box 2607
Grand Rapids, Michigan 49501 USA

Visítenos en: www.portavoz.com

ISBN 0-8254-1087-8

1 2 3 4 5 edición / año 09 08 07 06 05

Impreso en los Estados Unidos de América
Printed in the United States of America

Contenido

Antes de que comencemos...

En un gris día de enero de 1976 en que John y yo trajimos a nuestro recién nacido a casa del hospital, nos miramos uno al otro y retuvimos el aliento mientras el peso de la responsabilidad comenzaba a declinar. Nada nos había preparado para lo que iba a suceder: Ni un diploma en psicología del desarrollo ni varios años de docencia. Yo era una madre recién estrenada y quería hacer las cosas bien. Durante esas primeras semanas y meses me sentí inundada de consejos, gran parte de ellos conflictivos, de profesionales, madres veteranas o incluso de novatas como yo. Al vivir donde vivíamos, en el norte de Inglaterra donde la gente habla con perfectos extraños en la calle, temía el comienzo de llantos de lactante provenientes del cochecito de paseo mientras entraba en las tiendas locales.

"Él quiere su alimento, amor".

"Póngalo de espaldas".

"Tiene demasiadas cobijas".

"Llora porque hay demasiado viento".

Todos estos consejos bien intencionados y dados alegremente eran pronunciados con tanta seguridad, que me confundía por

completo al tiempo que me había perdido toda confianza. Mi
ineptitud era evidente obvia para todo el mundo.

Entonces, ¿qué hago escribiendo un libro sobre cómo ser
padres? Por cierto, no quiero socavar la confianza de los padres.
Nadie, salvo Dios, conoce a su propio hijo como sus padres y
nadie, salvo Dios, tiene en su corazón los intereses de su hijo.
Tampoco tengo la intención de que este libro sea un equivalente
escrito de un extraño desinteresado que da diagnósticos
instantáneos con una mirada perdida. Ser padres es muy
complejo, eso es todo lo que sé.

Hace unos años fui invitada a hablar sobre el tema de "La
maternidad bíblica en una sociedad centrada en el niño" y esto
me llevó a intentar volver a los primeros principios, comenzando
a partir de las instrucciones del Hacedor. Para mi sorpresa, la
gente pareció hallar mi conferencia útil y he repetido el seminario,
con algunas modificaciones, muchas veces desde entonces. No
tengo una técnica que ofrece y sospecho profundamente de todo
libro que incluya sus propios testimonios.

Mi objetivo principal en este libro es el de alentar a los padres
a tomar responsabilidades, a analizar y evaluar la forma en que
se comportan, conciente o inconscientemente, y cuando fuera
necesario, a realizar algunos cambios. Mi autoridad no proviene
de mi propia experiencia o práctica, sino de lo que encuentro en
la Palabra de Dios. ¡Extrañamente, la experiencia y la práctica la
respaldan! Una vez di unos seminarios acerca de cómo deben
conducirse los padres en la escuela primaria local. Debido al
escenario sensible, omití todas las referencias bíblicas pero la
sustancia era la misma. "¿De dónde saca todas esas cosas?", me
preguntó una madre con admiración. Se sorprendió cuando le
dije de dónde. Pero los creyentes no se sorprenderán. La ley
perfecta de Dios se aplica a todos. Puede que las formas de actuar

de Dios no siempre sean fáciles, rara vez son inmediatas, pero sus métodos son los mejores.

La estructura de este libro es sencilla. Se basa en seis instrucciones: Aceptar, estar atento, comunicar, disciplinar, evaluar y temer al Señor.

Habiendo pronunciado mi advertencia saludable, comencemos.

Aceptar

¿Qué es un niño? Su respuesta a esa pregunta determinará su actitud y conducta como padre. John Gray, el autor del libro de gran venta *Men are from Mars, Women are from Venus* [Los hombres son de Marte, las mujeres son de Venus] escribió una deducción: *Men are from Mars, Women are from Venus, Children are from Heaven* [Los hombres son de Marte, las mujeres son de Venus, los niños son del cielo]. Su visión sobre la inocencia de los niños lo lleva a argumentar en contra de la confrontación y a favor de la consulta y la adaptación. Una visión del otro extremo es personificada por la señorita Joe Gargery en *Great Expectations* [Grandes expectativas] de Charles Dickens. Ella crió a Pip "a mano", que en cuanto a lo que respecta a Pip significaba que le ponía su pesada mano sobre él en cada ocasión posible y que fue tratado por lo general con extrema falta de humanidad.

A principios del siglo XXI, se ve cada vez más al niño más como un artículo de consumo. Para la pareja de ingreso doble, que avanza, con artículos creados por un diseñador, un niño es lo que quieren lograr después de haber amueblado hermosamente su hogar y después de haber obtenido todo lo que desean ser en sus carreras. Sus hijos son casi como accesorios de moda, vestidos con la ropa de última moda y rodeados por tecnología de última generación para niños. Esperan que sus hijos mejoren las vidas de ellos.

Así que como padres lo primero que tienen que hacer es:

ACEPTE LA VERDAD
ACERCA DE SU HIJO

Su hijo ha sido creado único

> *Porque tú formaste mis entrañas; tú me hiciste en el vientre de mi madre (Sal. 139:13).*

No solo su hijo es un don, sino que él o ella ha sido creado a mano y es absolutamente único. Uno de los encantos de haber sido maestra fue el hecho de que nunca conocí al mismo niño dos veces. Esto le da gran importancia a cada niño, independientemente de su apariencia o de su desempeño. Cada niño tiene un valor intrínseco porque él o ella ha sido creado como único por Dios. Esa sonrisa, esa agilidad, esa imaginación, ese sentido del humor, esa voz, esa destreza, ese intelecto y demás, son únicos.

Asimilar en realidad este principio lo alejará de uno de los pecados comunes de ser padre: La comparación. Se mete en usted a las pocas horas de haberse convertido en padre o madre. Donde sea que se encuentren los padres y las madres y hablen con entusiasmo de sus niños, la comparación es irresistible. Elena duerme toda la noche; Mario ya no usa pañales (¡y lo logró en dos días!); José se ha leído todos los libros de lectura que le corresponden; María llegó al máximo nivel. El camino de la comparación no termina nunca y para la mayoría de los padres, salvo aquellos verdaderamente talentosos, es demasiado áspero. Para evitarlo, recuérdese continuamente con agradecimiento acerca de la creación única y maravillosa que es su hijo. De esta forma podrá permitir que otros padres hagan lo mismo con los suyos y usted podrá ser muy dulce respecto del éxito de los demás.

Su hijo es un pecador

He aquí, en maldad he sido formado, y en pecado me concibió mi madre (Sal. 51:5)

Por supuesto que hay una inocencia respecto de los niños. Hay tanto de lo que no son concientes y confían en los adultos de una forma que puede alarmarnos. Son vulnerables y merecen la protección de los adultos. Pero los niños también tienen una tendencia incorporada hacia el engaño y la rebelión, que puede manifestarse a una edad bastante temprana. Esto forma parte del ser humano. Es común a toda la raza y a toda la historia de la humanidad. Se observa con frecuencia que nadie tiene que enseñarle a un niño a mentir. Una vez que un niño se da cuenta de que su padre no puede advertirlo, él o ella aprovechará la ocasión para su provecho.

La aceptación de este hecho acerca de su hijo, por más afectuosas y encantadoras que sean sus maneras, lo salvará de sentirse impactado. Esto no significa que se convierta en la señorita Joe y lo golpee por si está pensando en hacer algo. Significa que usted es conocedor de las capacidades de él o ella en todo sentido. Puede ayudarlo a no entrar en pánico si se da cuenta de que la mala conducta de su hijo es bastante normal.

Su hijo es una saeta hacia el futuro

Como saetas en manos del valiente, así son los hijos habidos en la juventud (Sal. 127:4).

Casi no transcurre una semana sin alguna revelación nueva sobre nuestra programación genética. A veces parecería que la trama ya ha sido escrita, lo que de alguna manera hace que exista un libro tonto como este. La Biblia enseña que la participación de los padres es vital y que el efecto de la intervención y la dirección de los padres es crucial y de largo alcance. Cualquiera sea la formación genética única de su hijo (creada por Dios) la tarea de los padres es dirigir. Solo eso.

Nuestras vidas en esta tierra son temporales y breves. Nuestras huellas en la arena pronto las lava el mar. Pero tenemos una responsabilidad con el futuro del planeta de una potencialidad significativamente mayor que salvar la selva o la preservación del panda gigante. La crianza de sus hijos es una tarea específica y personal, que podría tener enormes implicaciones, incluso globales. Adolfo Hitler tuvo padres, al igual que Juan Wesley. Si no se ocupa de dirigir sus saetas con cuidado, ¿quién lo hará? Este concepto eleva la importancia de criar a los hijos muy por encima del nivel de asegurarse que se les cuide cuando usted está trabajando o cuando los lleva a Disneylandia. Es necesario decir en esta generación que el cuidado familiar es una opción de por vida que vale la pena y la presión continua sobre las madres para que combinen el trabajo con la maternidad es poco probable que sea por interés en los hijos de la nación o en el futuro de nuestra sociedad.

Su hijo tiene un lugar especial en el corazón de Dios

Pero Jesús dijo: Dejad a los niños venid a mí, y no se lo impidáis; porque de los tales es el reino de los cielos (Mt. 19:14).

La mayoría de los padres es silenciosamente apasionada respecto de sus hijos. En esas primeras semanas es como si esas pequeñas manitas apretaran su corazón y más de un momento se lo pasará en brillante contemplación de este ser increíble, suyo pero no suyo, parte de usted y a la vez independiente. Por supuesto habrá momentos en que este objeto de tal afecto le cause gran dolor, precisamente porque él o ella es tan precioso. En esos momentos es bueno reflexionar en que su hijo es todavía más precioso para Dios de lo que lo es para usted. Y la paternidad es algo de lo que Dios sabe, con todas sus peores ramificaciones. Hay gran consuelo en esto, particularmente si conoce el poder de la oración.

Pero también hay responsabilidad. Puesto que su hijo es precioso para Dios, existen las advertencias más severas para los que hacen que un niño tambalee. (Mt. 18:5, 6). Manéjese con cuidado.

Habiendo comprendido estas cuatro verdades acerca de su hijo, lo siguiente que tiene que hacer es:

ACEPTE LA VERDAD
SOBRE USTED MISMO

Usted también es pecador

Puesto que los padres estamos en el negocio de dirigir y corregir, es muy fácil olvidarse de esto. Todos somos pecadores tal vez deba escribirse en cada puerta del frente. Contamos con la autoridad otorgada por Dios de capacitar a nuestros hijos en el camino correcto, pero somos muy propensos a tambalear. ¡Hemos cometido todo tipo de errores! Y nuestros motivos son muy impuros. ¿A dónde nos conduce esta verdad? Nos conduce a reconocer nuestra necesidad de ayuda. A mí me encanta la historia de Manoa y su esposa, los padres de uno de los hijos "milagrosos" de la Biblia, Sansón. Luego de haber sido informados sobrenaturalmente que luego de años sin tener hijos, iban a tener un hijo varón, Manoa ora: "Ah, Señor, te ruego, permite que el hombre de Dios que enviaste a nosotros vuelva a enseñarnos a criar al niño que está por nacer". Su humilde actitud es digna de imitación. Nuestra capacidad para equivocarnos es inmensa. Pero Dios es bondadoso.

Usted tiene su propio equipaje

No importa cuántos libros acerca de cómo conducirnos como padres hayamos leído, nuestras ideas básicas sobre ser padres provendrán de lo que ha recibido. ¿Qué tipo de padres fueron los suyos? Es útil pensar acerca de la manera en que usted fue criado y cómo esto lo ha afectado. Una madre y un padre traen a la paternidad y la maternidad actitudes potenciales y sumamente divergentes, que pueden no manifestarse hasta que surja una crisis. Opiniones sobre el castigo, la nutrición, una conducta aceptable en la mesa o sobre la hora de ir a dormir. Tal vez sus padres fueron tan extremadamente estrictos que usted decidió en su corazón mucho antes de tener hijos que nunca le pondría un dedo a su niño. Tal vez crea que sus padres estuvieron en lo correcto en todo aspecto y usted debe seguir su ejemplo al pie de la letra. Cualquiera sea el caso, es importante y saludable desempacar todo este equipaje y darle una buena mirada con su esposo o su esposa, para que juntos fijen su curso a la luz de las Escrituras.

Usted es responsable

Si usted es creyente, su actuación como padre o madre tiene un propósito en particular. Dios está buscando hijos devotos (Mal. 2:15). Su forma de ser padre no es para su gratificación, para que pueda alardear en la gloria reflejada del éxito de sus hijos. Sino que es parte de su forma de vivir para Dios. Siempre que tenga esta visión, estará más interesado en la santidad de su hijo que en su felicidad. Tendrá un objetivo espiritual, sabiendo que al final, la felicidad es un subproducto del caminar con Dios. Esto no significa que le ponga una pistola en la cabeza a su hijo para que haga profesión de fe. Dicha conducta es contraria por completo a los métodos de Dios. Pero sí significa que usted toma en serio los mandatos en las Escrituras para instruir y corregir de acuerdo con los lineamientos bíblicos y que toma opciones concientes respecto de estas cosas que tienen valor espiritual en contraposición a un valor solo material. También significa que busca ser un ejemplo inspirador. Y sus oraciones reflejarán su esperanza más preciada de poder decir algún día como Isaías: "He aquí, yo y los hijos que me dio Jehová somos por señales y presagios en Israel, de parte de Jehová de los ejércitos, que mora en el monte de Sion" (Is. 8:18).

PARA PENSAR:

Resuma cómo ve a su hijo.
¿De qué manera esto está afectando su actitud hacia él o ella?

PARA PONER EN ACCIÓN:

Hable con su esposo o esposa acerca de sus respectivos padres. Consideren cómo esto ha formado su visión del padre o la madre ideales.

Estar atento

La ciencia del prudente está en entender su camino; mas la indiscreción de los necios es engaño (Pr. 14.8).

No existen técnicas para ser padres, pero hay muchas trampas. John y yo le debemos mucho a John MacArthur quien nos alertó sobre algunas de estas trampas mediante una cinta que escuchamos a principios de la década de los 80. A partir de ese momento he reflexionado, observado, adaptado y expandido la lista original.

Nunca he conocido a un padre o a una madre que no quisiera a su hijo. Pero con defectos como tenemos, el amor no es suficiente para evitar que formemos juicios equivocados. A veces es el amor mal guiado el que nos lleva a una trampa y nos encontramos comportándonos como padres de maneras que no son, después de reflexionar sobre ellas, para los mejores intereses a largo plazo del niño. Así que este capítulo es un resumen de escollos comunes de los padres. Al leerlos y tal vez verse reflejado, no entre en pánico. Hay tiempo para cambiar. He caído en muchas de ellas en algún momento. El peligro se presenta cuando cualquiera de estas trampas se convierte en el estilo habitual de manejar a sus hijos. Pueden acarrear consecuencias tristes y graves, según intento señalar.

PERMITIRLO TODO

Todos hemos conocido al niño al que se le permite hacer lo que se le antoja. Nunca se le enfrenta ni se le reta; en cambio, sus padres limpian lo que él ensucia y le cumplen todos los deseos. Esto puede deberse a pereza pero más comúnmente es el resultado de una falta de voluntad de enfrentar por temor.

a) "No me amará". No tenga miedo. La triste verdad es que incluso los niños que son terriblemente maltratados por sus padres continúan amándolos. No conocen otra cosa. Por supuesto, puede ganarse la gratificación temporal de una brillante sonrisa diciendo que sí a todo y puede evitar la horrorosa escena que lo avergüenza frente a sus amigos, pero como padres deben adoptar la visión no egoísta y a largo plazo.

b) "No tengo el derecho". En realidad he conocido a padres que seriamente creen eso. Son víctimas de una campaña de propaganda de los derechos de los niños perversos, la filosofía subyacente de la cual es socavar por completo el lugar de los padres y de la vida familiar. La Biblia no tiene nada de esto. Dentro del quinto mandamiento se encuentra la idea de que los padres no solo tienen el derecho sino la responsabilidad de fijar límites para sus hijos.

Pero ¿acaso esta actitud de permitirlo todo hace algún mal? Sí, lo hace. Pregúntele a cualquier maestra de escuela primaria. Esos niños con frecuencia son sumamente inseguros. Se les ha cargado con una libertad que es demasiado grande para ellos. También son malos escuchando y su capacidad de estudio se ve invalidada. La Biblia expresa las consecuencias todavía con mayor seriedad. ¿Cuál fue el veredicto de Dios sobre la familia de Elí?

> *Y le mostraré que yo juzgaré su casa para siempre, por la iniquidad que él sabe; porque sus hijos han blasfemado a Dios, y él no los ha estorbado (1 S. 3:13).*

Una nota más fuerte aparece escrita en la pared de nuestra escalera en casa para reasegurarme mientras subo las escaleras con uno de nuestros hijos para un pequeño castigo:

La vara de la corrección imparte sabiduría, pero un niño dejado a su merced es desgracia para su madre.

Ámelos lo suficiente como para corregirlos.

NO AL SOBORNO

Soy conciente que seré objeto de controversia. Cuando doy conferencias acerca de cómo deben conducirse los padres recibo más preguntas sobre este punto que sobre cualquier otro, porque va en contra de algún pensamiento actual sobre la modificación de la conducta. Así que ante todo, permítame explicar qué quiero decir con soborno. Quiero decir la operación de un sistema de recompensas para motivar al niño o para provocar en el niño a alguna conducta deseada. Los siguientes son algunos ejemplos:

A un niño se le promete un *play station* nuevo si se limpia correctamente los dientes en la noche y en la mañana.

A un deambulador se le promete un paquete de dulces si no grita cuando va en el cochecito por el supermercado.

Un niño obtiene un adhesivo (*sticker*) en un cuadro si pasa todo un día sin ser maleducado con sus padres. (Diez adhesivos significan un viaje a *McDonald's*.)

A una niña se le da dinero por ayudar a secar la ropa.

Estos son todos ejemplos reales. Pudiera contarle innumerables más. No se equivoque, es sumamente tentador andar por este camino y a corto plazo, los sistemas de recompensas son muy eficaces. Cuando he conducido clubes bíblicos en la iglesia, sin vergüenza usé sistemas de puntaje de equipos para el control de la multitud. Pero eso después de todo es un evento que dura cuatro días en el que hay pocas oportunidades de llegar a conocer a los niños de forma individual. Como padres, no se trata de hacer más fáciles nuestra vida, se trata de criar personas. Estos son algunos de los problemas que presentan los sistemas de recompensas:

a) Se minimiza el efecto a largo plazo. Esto se ha demostrado una y otra vez, por ejemplo con la enseñanza de la ortografía. A corto plazo, el grupo que fue "sobornado" para aprender su ortografía logró mejores resultados en el examen, pero solo unas pocas semanas después, cuando se les examinó sobre los mismos temas de ortografía no hubo diferencia entre el grupo sobornado y el que no lo fue.

b) Si se utiliza habitual y continuamente, los sistemas de recompensas extrínsecos producen un niño desmotivado, un niño que hará solo lo necesario para obtener la recompensa *y nada más*. Voy a ser clara en este punto. Usábamos un sistema de registros en un cuadro con nuestros propios hijos durante un lapso corto hasta que me di cuenta de cuán inútil era. Incluía cosas como la práctica de música. Así que mi hijo iba a su cuarto, sacaba su violín, rascaba alrededor de una decena de notas y luego gritaba: "¿Es suficiente, mamá?" ¿Qué debía contestarle? ¿Debía sugerirle que tenía que tocar al menos treinta notas para merecer un crédito o debía hacerlo de acuerdo con el reloj? El tema es que no se trataba de convertirlo en músico. ¡No se trata de hacer lo suficiente!

c) Hace que la conducta parezca negociable. Qué pasa si un niño decide que no le importa más *McDonalds* y prefiere la libertad para ser maleducado, o si la niña quiere un aumento del dinero que recibe o arroja al suelo la servilleta. Tenga cuidado de tomar la conducta y las actitudes fuera de la dimensión moral.

Hijos, obedeced en el Señor a vuestros padres, porque esto es
justo (Ef. 6:1).

Advierta: Deben obedecer porque es lo correcto, no por alguna
recompensa material inmediata.

Trate de pensar acerca del tipo de persona que quisiera que
fuera su hijo cuando sea adulto. En la lista de atributos, ¿no se
incluiría la idea de la motivación propia? ¿O desearía a un hijo o
a una hija que siempre calculara si hay alguna ganancia? Cuánto
mejor es capacitar a su hijo desde los primeros años para que
sienta placer al elegir lo que es bueno y correcto.

No quiere decir que nunca le dé cosas a sus hijos. Puede que
haya ocasiones en las que se dé cuenta de cuán cooperativos,
pacientes, útiles y alegres han sido y que pueda decir: "En verdad,
he valorado tu actitud hoy y traje dulces para celebrar". Pero
evite un sistema de dulces por comportamiento.

Ámelos lo suficiente como para tomar la perspectiva a largo
plazo.

NO SE CENTRE EN EL NIÑO

Esto es muy común y en algunos sentidos muy fácil de caer
de forma bastante inconsciente. Cuando trae ese paquete
envuelto en una cobija del hospital, sus vidas se transforman de
manera radical. Toda la casa está ordenada durante un tiempo
alrededor de la alimentación, el cambio de pañales, el baño, el
instrumento para dormirlo y (esperamos) el sueño de ese lactante.
Pero habiendo hecho las adaptaciones necesarias para el nuevo
miembro de la familia y para su nuevo papel, se requiere un
esfuerzo decidido para organizar sus vidas de modo que toda la
familia no se convierta en víctima de un miembro.

Más adelante, usted naturalmente deseará que su hijo tenga

lo mejor de todo y que prospere. Los padres con buena condición económica son los que corren más peligro en esto. En Surrey existe la visión común de la madre al volante de su enorme cargador de personas. Toda su vida gira alrededor de llevar y buscar a sus hijos no solo de la escuela sino de ballet, salidas, karate, natación, tenis, orquesta, salto en trampolín, dormir en casa de los amigos, etc., etc. En casa, todos le prestan gran atención a la tarea del niño. Deberían darles un premio a los padres.

¿Qué hay de malo en esto?

a) Usted está criando a un niño que pensará que es el centro del universo y que espera que se le provea de actividades divertidas y emocionantes desde el desayuno hasta la hora de irse a dormir. El peor reproche que puede expresar este niño a sus padres es: "Estoy aburrido". Esto por lo general tiene el efecto de hacer que dichos padres dediquen más dinero y tiempo o se sientan culpables acerca de su fracaso como padres. ¿De dónde sacó la idea el niño de que la vida nunca sería aburrida, o si lo es, que era responsabilidad de otra persona hacerla más interesante? Ir por el camino del niño como sujeto central es criar a una persona egoísta.

b) Pudiera estar poniendo en peligro su matrimonio, o incluso usar al niño como una muleta para apoyar un matrimonio que está fracasando. Pero recuerde que el orden de la creación de la vida familiar coloca la prioridad en la relación entre esposo y esposa.

> *Por tanto, dejará el hombre a su padre y a su madre, y se unirá*
> *a su mujer, y serán una sola carne (Gn. 2:24).*

Asegúrese que su relación matrimonial continúe enriqueciéndose después de la llegada de los hijos. Una forma de hacer esto es cultivar desde una edad temprana la idea de lo que denominamos "descuido sano". En otras palabras, incorpore en el día algún momento cuando el niño es dejado a sus propias cosas, haciendo algo de su propia elección o incluso sin haciendo nada. Los niños dedican demasiado poco tiempo recostados en el césped mirando el cielo en estos tiempos. Pudieran aprender algo (Sal. 8:3, 4).

Ámelos lo suficiente como para negarse a hacer de ellos el centro de su vida.

NO PERMANEZCA DISTANTE

Los lectores de este libro son por definición menos propensos a ser culpables de esto. Pero sucede en el mejor de los círculos. Tal vez un padre o una madre esté demasiado ocupado o absorto en sus trabajos, con la iglesia, con un pasatiempos o con otras relaciones.

Un ejemplo clásico de este tipo de padre es la señora Jellaby en el *Bleak House* [La casa desierta] de Dickens. Ella tiene lo que Dickens describe como "filantropía telescópica", no puede ver algo más cerca que África. Mientras tanto sus hijos se tambalean por la casa en un estado de descuido total.

Un ejemplo más reciente fue un momento intenso en la película "La sociedad del poeta muerto", que cuenta la historia de eventos en una escuela de internos de varones de clase alta en la década de los años 60. En su cumpleaños, un alumno recibe el regalo de un juego de escritorio de sus padres. Parece apesadumbrado y su amigo le pregunta por qué. No es solo que no se trata de un presente muy entusiasmante ni falto de imaginación. Es que le enviaron lo mismo en su cumpleaños del año anterior. El muchacho se daba cuenta de que si bien sus padres eran sumamente ambiciosos para que él lograra grandes cosas, no se habían tomado ni el tiempo ni el trabajo de conocerlo.

La consecuencia de la relación distante de los padres es un niño enojado. Tal vez los padres varones son los que caen con más frecuencia en esto. Así que las Escrituras advierten:

> *Y vosotros, padres, no provoquéis a ira a vuestros hijos, sino criadlos en disciplina y amonestación del Señor (Ef. 6:4).*

Los hijos necesitan tanto a padres como también a madres y necesitan que ambos estén presentes.

Ámelos lo suficiente como para estar involucrado.

NO SEA EXPLOSIVO

Esto es un poco como el padre que lo permite todo pero con fuegos artificiales. Lo que sucede es que finalmente mamá ya está harta. Puede ser que cualquier cosa pequeña sea el disparador, como una pelea entre los niños acerca de cuál canal de televisión mirar. Pero el ímpetu se ha ido juntando con el pandemónium y finalmente ella se enfurece. Arroja el control remoto por la ventana, sacude a los niños, con golpes en diversas partes de sus anatomías los lleva a sus cuartos y grita con una voz que se oye muy lejos que es mejor que se vayan a dormir ahora, puesto que no habrá cena. Un ejemplo extremo pero la mayoría de los padres de niños pequeños admite que ha tenido más de una explosión ocasional. Ser padres, especialmente la variedad de tiempo completo en los primeros años es duro y a veces un trabajo muy agotador. Una casa llena de pecadores es una casa bajo cierta tensión. Pero existe el peligro de que explotar, debido a su efecto devastador inmediato, se convierta en la forma en que maneja la conducta.

¿Qué hay de malo en esto?

a) Niño A al niño B: "Está bien. Podemos seguir hasta que empiece a gritar en serio".

b) El niño se vuelve ansioso, siempre preocupado por el efecto de su conducta sobre usted, en lugar de solo hacer lo correcto.

c) Dicha falta de control propio puede conducirlo a hacer o decir cosas dañinas, que luego puede lamentar.

El que fácilmente se enoja hará locuras (Pr. 14:17)

d) Es un ejemplo aterrador para sus hijos de cómo comportarse cuando las cosas no salen como uno quiere.

No te entremetas con el iracundo, ni te acompañes con el hombre de enojos, no sea que aprendas sus maneras (Pr. 22:24, 25)

La manera de evitar esta trampa es ser un termostato y no un termómetro. Un termómetro sube con la temperatura. Un termostato se fija para evitar que la temperatura suba más allá de un nivel óptimo. Así que la intervención temprana es la respuesta. Desarme la bomba antes que explote. Use la distracción, la corrección tranquila o un tiempo de espera y así evitará una explosión desagradable.

Ámelos lo suficiente como para ser previsor.

NO SE DEDIQUE A ENCONTRAR DEFECTOS

Por supuesto que los hijos necesitan una corrección adecuada. Pero la trampa aquí es la que caen los padres cuando están demasiado ocupados observando lo que hacen o no hacen los hijos de otros. Este tipo de padre se preocupa mucho, demasiado, acerca de lo que otros padres piensan de él o ella. Sus hijos *tienen* que ser los mejores. Cuando se hacen comparaciones desfavorables, estos padres son muy críticos respecto de sus hijos. Están continuamente detectando defectos. Su preocupación se centra más en el comportamiento externo que en la actitud interna. Cuando deberían ser padres que tratan juntos el motivo de cualquier problema revelado y las estrategias a largo plazo para manejarlo, en cambio se concentran en la manera en que todo luce y regañan a sus hijos por sus aparentes fallas.

El resultado de esta crítica constante será un niño desalentado que carece de confianza. Los hijos prosperan en un ámbito de alabanza. El apóstol Pablo sirve de ejemplo con su comportamiento como pastor en un hermoso cuadro de vida familiar.

> *Antes fuimos tiernos entre vosotros, como la nodriza que cuida con ternura a sus propios hijos* (1 Ts. 2:7)

> *Así como también sabéis de qué modo, como el padre a sus hijos, exhortábamos y consolábamos a cada uno de vosotros; y os encargábamos que anduvieseis como es digno de Dios...* (1 Ts. 2:11, 12).

Ámelos lo suficiente como para alentarlos.

NO SE SIENTA CULPABLE

Muchos padres me dicen que se sienten permanentemente culpables. En algunos casos se debe a que van en contra de lo que saben que es correcto. Quizás están demasiado impulsados con sus propias vidas que parecería que los niños sufren por eso.

Este tipo de culpa es buena para nosotros. Tiene la intención de hacernos reevaluar nuestras prioridades y cambiar nuestra conducta.

Sin embargo, algunos padres son concientes que debido a circunstancias *más allá de su control* no pueden proveer a sus hijos como les hubiera gustado hacerlo. Un padre o una madre solo pudiera sentirse profundamente por la pérdida del niño y sentirse responsable aun cuando este no es el caso. La tentación entonces consiste en tratar de realizar cambios para con el niño de maneras inadecuadas. He observado con frecuencia que padres con dificultades económicas gastan un monto desproporcionado de su magro ingreso en las ropas de sus hijos y en regalos de cumpleaños. Por lo general son los padres de clase alta los que se sienten más cómodos con la entrega de cosas materiales. (Cosas que vienen en una bolsa, como solía llamarlas mi hija.)

Todo esto es comprensible pero existe el peligro de que el niño capte la culpa del padre o la madre y se convierta en sumamente manipulador. Él o ella descubrirá que se puede obtener todo tipo de golosinas y regalos de mamá o papá haciéndose el "pobre de mí, soy una víctima". No les hacemos algún favor a nuestros hijos cuando les permitimos verse a sí mismos como víctimas. Todo depende de la respuesta correcta, como señala Santiago a sus lectores cuando escribe sobre su actitud ante las tribulaciones.

> *Cuando alguno es tentado, no diga que es tentado de parte de Dios; porque Dios no puede ser tentado por el mal, ni él tienta a nadie; sino que cada uno es tentado, cuando de su propia concupiscencia es atraído y seducido (Stg. 1:13, 14).*

La respuesta a la culpa es la confesión y el perdón. Debe dirigirse a Dios en primer lugar (1 Jn. 1:9) y al hijo cuando sea adecuado.

Admitir ante su hijo que es cierto que ha estado tremendamente ocupado y le ha dedicado muy poco tiempo y pedirle perdón pudiera ser una sana lección de sinceridad y una oportunidad para que el niño aprenda acerca del perdón de una manera poco común. Los niños perdonan a sus padres. Pero evite toda sugerencia de reclamos litigiosos de compensación. No lo necesitan.

> *Con misericordia y piedad se corrige el pecado, y con el temor de Jehová los hombres se apartan del mal (Pr. 16:6).*

Ame a sus hijos lo suficiente como para no deberles nada.

NO LOS PARALICE

Esto sucede cuando un niño está controlado por sus padres a un nivel tal que la conducta independiente es una experiencia muy rara. Esta conducta es impulsada por el temor, sabiendo:

a) que el niño, al ser un terrible pecador hará todo tipo de malicias y que por lo tanto la respuesta es mantenerlo con un freno corto. Entonces el día del niño tiene un programa estricto a fin de minimizar las oportunidades de conductas antisociales o desafiantes. Por esto, después de la escuela hay un refresco, seguido por 15 minutos de televisión, seguidos por 30 minutos de lectura, seguidos por 20 minutos de práctica del piano, seguidos por la merienda, seguida por el baño, etc., etc. Las vacaciones se planifican de un modo similar. Todo está organizado hasta el más mínimo detalle.

b) que el mundo es un lugar peligroso y que nunca puede dejar a su hijo solo en el mismo. De hecho, es más preferible comprarle juguetes y alentar actividades que lo mantendrán donde usted pueda verlo. Ver televisión es ideal.

Un niño criado donde este el pensamiento predominante por

parte de los padres no tendrá la oportunidad de utilizar bien la independencia. Estos niños son los que peor se portan en la escuela dominical, a no ser por supuesto que uno de sus padres esté enseñando allí. Tan pronto como se dan cuenta de que los padres no están a su alrededor, se portan mal. Es su única oportunidad. Estos niños hubieran aprendido mucho más si se les hubiera dado la libertad de fracasar. Así, han aprendido a ser engañosos y furtivos.

Tengo mucha compasión por el padre o la madre que se ve impulsado por los temores descritos en el punto b). El mundo es físicamente mucho más amenazador que hace una generación. Para los niños que crecen en pueblos y ciudades, jugar al fútbol o andar en bicicleta en la calle, como probablemente lo hicieron sus padres, es imposible. Y luego está el extraño peligro que se percibe como más grande que nunca. Pero también hay peligro dentro de la casa y la caja del rincón de la sala está entre los más perniciosos. También se ha expresado una preocupación correcta y seria acerca de la falta de ejercicio en los niños. Los padres deben arreglar, permitir y alentar a los niños para que dejen la silla y cuando sea apropiado para su etapa de desarrollo, se les debe permitir hacer cosas en forma independiente aunque haya un leve riesgo aparejado. Así que hacer una compra en la tienda local es una tarea adecuada para un niño, una vez que el padre o la madre se sienta satisfecho de que los riesgos variados pueden ser negociados con seguridad. Esta es una parte importante de su educación como lo es aprender las tablas de multiplicar.

Ámelos lo suficiente como para dejarlos ir.

NO SEA INCONSECUENTE

De algunas maneras esta es una de las más peligrosas de todas las trampas y tiene varias manifestaciones.

a) Este tipo de padre o madre se interesa más en el efecto de la conducta del niño sobre él o ella, así que lo que un día es una ofensa grave debido al estado de ánimo o porque está en público, al día siguiente se la ignora. Cuando el pastor viene a tomar el té los niños son sometidos a una carga de disciplina, pero al día siguiente no importa.

b) La inconsecuencia también se ve cuando se formulan amenazas tontas que hasta un niño sabe que no se cumplirán. "Si haces eso de nuevo, te mataré", es un ejemplo extremo pero la amenaza de quitar un privilegio puede ser igual de tonta, especialmente si el regalo ya ha sido reservado. Los niños detectarán su simulación.

c) La inconsecuencia en las normas entre la madre y el padre es una invitación para que los niños pongan a uno en contra del otro.

d) El favoritismo de un hermano por sobre otro es cruel y acumula consecuencias horribles para el futuro. Recuerde a José y sus hermanos (Gn. 37). *Historia de José.*

El resultado de una crianza inconsecuente es un niño sin reglas, lo que significa que la tarea de ser padres se vuelve progresivamente más ardua con los años y no más fácil. Con un estilo incoherente de padres, los niños aprenden que los adultos no quisieron decir lo que dijeron, o si lo quieren decir hoy día no lo querrán decir mañana. En cambio, debe haber un adiestramiento, una palabra que implique continuidad, paciencia, persistencia y pautas claras, aplicadas de manera consecuente.

> *Instruye al niño en su camino, y aun cuando fuere viejo no se apartará de él (Pr. 22:6).*

Ámelos lo suficiente como para hacerles conocer lo que dice.

PARA PENSAR:

¿En cuál de las trampas mencionadas cae usted con más frecuencia?

¿Por qué cree que esto sucede?

PARA ACTUAR:

Enumere algunas ideas que lo ayudarán a evitar esto en el futuro.

No ofrecer cosas o dinero para que se porten bien.

No comparar con otros niños

Cumplir lo dicho o mejor no decir castigo

Comunicar

Cada vez que tengo una conversación con un padre o una madre sobre cómo criar a los hijos, o cada vez que hablo en una reunión sobre el tema, hay una pregunta en la mente de los que me escuchan:

¿Cómo hago que me obedezca? Quieren que les hable acerca de disciplina. Pero debo recordarles acerca del carro y el caballo. O acerca del hecho de que un granjero sería demasiado tonto para tratar de cosechar si no ha plantado algo.

La disciplina que es digna de su nombre no puede suceder en el vacío. Por supuesto que puede establecer su hogar con reglas y normas e insistir en la obediencia. Pero hay un dicho verdadero que vale la pena repetir: *Las reglas sin una relación conducen a la rebelión.*

Piense en el Capitán Von Trapp en la película "El sonido de la música". Sus siete hijos vivían de acuerdo con su silbato; estaban adiestrados. Él pensaba que su hogar estaba en perfecto orden y era ciego ante el hecho de que su hija mayor estaba viéndose con un joven inadecuado, mientras que el resto de sus hijos, si bien parecían sumisos, eran en realidad rebeldes. María, la nodriza, fue lo bastante valiente como para finalmente enfrentarlo con el hecho de que él no *conocía* a sus hijos. No jugaba con ellos, no se ponía en el lugar donde estaban ellos.

Todos los primeros estudios sobre la crianza de los niños confirmaron que el manejo de la conducta más eficaz partía de la firmeza en el contexto de una relación afectuosa.

Considere esta tríada:

Estos tres aspectos están totalmente vinculados. Advierta que la flecha va en ambos sentidos: Una alimenta a la otra. Entonces no solo la disciplina es más eficaz cuando hay una relación afectuosa, sino que una relación se ve realmente mejorada por una buena disciplina. Después de todo, a nadie le gusta la compañía de un niño sin reglas durante mucho tiempo. Y contrario a lo que usted pudiera esperar, los niños no aman menos a sus padres por ser firmes y consecuentes. Por lo general, están más preocupados por obtener su aprobación y por lo tanto, son más cautivantes. Así que todos ganan.

Sin embargo, el otro extremo de la tríada no es menos importante. La disciplina mejora la comunicación porque a todos se les recuerdan los límites y quién está en control. La disciplina también requiere de la comunicación y cuanto mejor sea la comunicación, más fácil resultará todo.

La comunicación también es vital para una relación positiva, se la puede llamar fundacional. Pero de nuevo, las mejores relaciones alientan la mejor comunicación. Las personas con las que mantiene una relación cercana lo comprenden mejor que nadie y viceversa. Usted puede comunicarse explícitamente con alguien que lo conoce bien con solo levantar una ceja.

Así que pensemos en la naturaleza de la comunicación.

CUIDE SU LENGUAJE

Verdad y amor. La Biblia dice que se deben tener ambos (Ef. 4:15). Y que lo que sale de su boca debe ser útil (Ef. 4:29). Las palabras pueden construir o pueden aplastar. Los que se sienten orgullosos del hecho de que le dicen al pan, pan y al vino, vino, por lo general se olvidan del daño que puede hacer con sus palabras cortantes a los niños. Por otra parte, hay un peligro equivalente de ser el tipo de padre que siempre acaricia y calma y no corrige. (Vea *Permitirlo todo* en la lección 2.) La verdad y el amor deben ir de la mano en todas sus comunicaciones así que tienda un puente muy cuidadoso con sus palabras, conociendo el poder de herir que tienen las palabras.

Tono de voz. Desde una edad temprana, antes que el lactante comprenda las palabras que usted dice, él o ella aprenderán a reconocer su intención a partir de su entonación. Un grito fuerte dirigido a otra persona hará llorar al bebé. Por otra parte, el tono suave y amable puede lograr una entrada, ganar amigos e influir sobre las personas.

> *La blanda respuesta quita la ira; mas la palabra áspera hace subir el furor (Pr. 15:1).*

> *Con larga paciencia se aplaca el príncipe, y la lengua blanda quebranta los huesos (Pr. 25:15).*

Lenguaje corporal. *Usted lo dice mejor cuando no dice nada*, era el refrán de una reciente canción popular. ¿Cómo le comunica mejor a su hijo su interés por él y su mundo? Con sonrisas y miradas, deteniendo lo que está haciendo y girando para mirarlo, escuchándolo, asintiendo. Todo sin palabras. ¿Y cómo le comunica a un niño la otra cara cruel de la moneda? Manteniendo el periódico frente a su rostro, yéndose, por la mirada de preocupación al espacio, mientras ella parlotea.

Otros mensajes pueden comunicarse fácil y con eficacia sin palabras. Imagine el ceño fruncido que dice: "Esa es una conducta inapropiada", o la sonrisa que dice: "Eres muy especial para mí".

APRENDA (Y ENSEÑE) A ESCUCHAR

Al que responde palabra antes de oír, le es fatuidad y oprobio (Pr. 18:13).

Cuatro componentes. A fin de que se lleve a cabo una comunicación real, deben suceder cuatro cosas: A habla, B escucha, B habla, A escucha. Es muy fácil pensar que la comunicación es acerca de hacerse oír o acerca de que todos digan lo que quieren decir. Suelen ser los componentes de la escucha los que se ignoran, pero Santiago nos recuerda que debemos ser rápidos para escuchar pero lentos para hablar (Stg. 1:19).

Usted debe aprender a escuchar. Como el miembro adulto de la relación, usted debe estar preparado para ocuparse de escuchar. Cuando un niño está aprendiendo a hablar, se requiere del experto entusiasta, es decir, usted, el padre o la madre orgullosos para que lo interpreten. Otras personas que escuchen pueden confundirse totalmente por lo que pronuncie el niño, pero usted sabe. Y su respuesta automática para escuchar, interpretar y repetirlo de nuevo, tal vez con más precisión, no solo es excelente para que el niño comprenda el lenguaje, sino que también es una lección excelente de comunicación. Lamentablemente, cuando los niños aprenden a articular con mayor claridad, los padres dejan de hacer esto, olvidándose que si bien el habla es bien avanzada, el lenguaje y la capacidad de expresar un sentimiento todavía están en sus primeras etapas. Por ejemplo, un niño que dice: "No puedo leer", no está buscando un argumento acerca de los hechos respecto de sus propios logros o si es mejor o peor que otro, o un sermón de "si no te esfuerzas, no lograrás algo". Está expresando su desaliento. El padre o la madre sabios leen ese mensaje y buscan oportunidades para crear confianza y autoestima, que incluye posiblemente el manejo de un texto bien conocido y muy amado la próxima vez que lean juntos.

Se debe enseñar a escuchar. En una edad televisual, un niño puede perder su capacidad de detectar pistas solo por escuchar. Él o ella aprenden a confiar en las pistas visuales para comprender. Las maestras en las clases encuentran que muchos niños no pueden seguir una instrucción simple hablada, no porque sean rebeldes sino porque no tienen las habilidades necesarias para oír palabras y decodificarlas en un impulso de acción de su parte. Con razón el así llamado desorden de deficiencia de atención (*ADD*) aumenta cada vez más. Nadie nunca oyó hablar de él antes del pasatiempo infantil continuo y difundido de mirar televisión y vídeos. No estoy defendiendo el derecho a prohibir de plano que los niños miren televisión, pero los padres que permiten que sus hijos tengan ese placer deben ser cautelosos en cuando a que sus hijos no pierdan la capacidad de aprender escuchando. Estas son algunas formas en las que puede alentar las buenas habilidades de escuchar.

- *Contar cuentos.* Es decir, en lugar de compartir un libro con su hijo y leer el texto, ocasionalmente haga contacto visual con él y cuéntele el cuento. Deténgase y formule preguntas, por ejemplo: ¿Qué pensaste que pasó después?

- *Juegue a juegos de escuchar.* Juegos que incluyan listas como "Fui a la luna y encontré un..." son buenos para entrenar la memoria y escuchar. Un favorito de mis hijos era el que yo denominaba "Yo haré una cosa mientras tú haces otra" en la que nos dábamos uno al otro instrucciones alocadas y hacíamos agregados, por ejemplo: "Párate en una sola pierna; párate en una sola pierna con un cojín en la cabeza; párate en una sola pierna con un cojín en la cabeza y un dedo en la oreja, etc., etc.", hasta que alguien se muere de la risa.

- *Dé instrucciones y mensajes.* Esta es una buena forma de evaluar el progreso en la escucha. ¿Puede su hijo repetir confiablemente un mensaje que usted le da en el dormitorio a papá que está en la cocina? Hágalos practicar. Dé instrucciones y controle la capacidad para llevarlos a cabo. Los niños muy pequeños pueden manejar solo una instrucción por vez, pero cuando crecen, aliente la capacidad de recibir y llevar a cabo dos, luego tres, luego cuatro o cinco instrucciones dadas. Establézcalo como un reto.

CONSTRUYA LA RELACIÓN

Usted dice: "Mis hijos y yo tenemos una relación". Por supuesto que la tienen. Pero soportará un poco de análisis y la inversión de algo de tiempo para su consideración. No tome esa relación por sentada. Las relaciones padre e hijo pueden marchitarse y morir por falta de atención. En la mayoría de los casos los padres en cuestión no querían que esto sucediera. Pero no querer que suceda no es suficiente. En varias ocasiones un padre o una madre me ha admitido con anhelo: "Era genial cuando eran pequeños; solíamos divertirnos mucho como familia". Pero como adolescentes, estos mismos niños han cerrado la puerta y en el hogar hay una atmósfera de tensión y resentimiento. Los padres que disfrutan particularmente de jugar con sus hijos cuando son pequeños, deben estar preparados para adaptarse al desarrollo creciente del hijo. Hay períodos de rápido crecimiento, tanto físico como emocional. Su relación debe ser lo bastante flexible como para tomar esa tensión y permanecer allí. El amor que sentimos por nuestros hijos no debe estar atado a su lindura. No permanecen lindos. Se vuelven malolientes, sucios, raros, con secretos y maleducados. No son menos preciosos entonces. Otro título con el que jugué era *"Alimentando la boca que muerde"*, porque así es cómo puede sentirse ser padres. Lleva una vida de compromiso *construir* la relación.

Hay tres mitos acerca de construir relaciones que me gustaría explotar:

El mito de tiempo de calidad. Con los niños tiene que pensar en cantidad, no en calidad. La calidad de cualquier tiempo que pase con ellos solo será reconocida con percepción tardía. Así que no planifique en su agenda el primer viernes del mes para una noche de tiempo de calidad con sus hijos. Por todos los medios planifique dedicarles tiempo, pero no se desilusione si ellos rechazan sus intentos de impresionarlos con su atención total. Puede que esa noche no la necesiten. Pudieran necesitarla otra noche cuando no sea de su conveniencia porque está cansado y se acuesta temprano, muerto por un día de mucho trabajo. Pero usted se pondrá sus mejores galas y se sentará en la cama de su hija, oirá sus pesares y estará contento de haber estado allí para ella. Eso solo sucederá si usted ha estado presente en los momentos triviales también. Si ha habido tal cosa como tiempo de calidad en su vida familiar, se ha dado generalmente alrededor de la mesa del comedor en días comunes. Esta es una práctica diaria que yo le alentaría que moviera cielo y tierra para seguir. Es una tradición agonizante en Gran Bretaña en estos días. Los niños comen solos frente al televisor o en sus habitaciones. No solo esta es una mala idea para sus hábitos nutricionales, sino que es una pérdida enorme para su educación y capacitación en su sentido más amplio y mejor. Es en la mesa de la cena que se pueden tratar los temas actuales, pueden compartirse los asuntos triviales o importantes del día, reírse, llorar u orar por ellos. Es en la mesa familiar que nacen las frases íntimas de la familia, se cantan las canciones más tontas y se cuentan los recuerdos y se los convierte en una leyenda familiar. No solo eso, sino que es una gran oportunidad para dar información. Moisés les dijo a los israelitas que hablaran con sus hijos acerca de las cosas que realmente importaban, no en el escenario formal de un aula, sino:

> *Y las repetirás a tus hijos, y hablarás de ellas estando en tu casa, y andando por el camino, y al acostarte, y cuando te levantes (Dt. 6:7).*

En otras palabras, en cualquier momento y lugar. Eso es tiempo de calidad.

El mito de las cosas. ¿Consiste la vida en las cosas que poseemos? Espero escuchar un resonante "¡No!" (Lc. 12:15). Entonces, ¿por qué como padres damos mérito a la mentira materialista sobrecargando a nuestros hijos de cosas? La respuesta es que nos da mucho placer darles a nuestros hijos. Comprar un juguete para nuestro hijo es más divertido que comprar algo para nosotros mismos, no solo porque el niño que está dentro de nosotros va a disfrutar también de jugar con él. Pero necesitamos ejercer prudencia. Si sobrecargamos a nuestros hijos de cosas les haremos disminuir la emoción de recibirlas. Les robaremos gozo. Y generaremos expectativas en ellos acerca de lo que es su deber y su fuente de gozo. He oído una historia muy triste acerca de unas personas muy agradables que siempre se complacían en expresar el amor a sus hijos comprándoles regalos espléndidos. Imaginen su horror cuando en una Navidad, su hijo de once años de edad abrió su regalo no insignificante, los miró y dijo con el ceño fruncido: "¿Esto es?" El hecho es que si bien pueden haber cosas preciadas ocasionales que usted le compre a sus hijos que ellos atesorarán toda su vida, la mayoría de los regalos no entrarían para nada en esa categoría. Desde mi punto de vista humilde y práctico, siempre traté al elegir un regalo para uno de nuestros hijos a bajarlo un tono de mi idea original. Así que en lugar del juego super-super, le compraba solo el super. Ellos nunca se enteraban. Con frecuencia les gustaba más la caja de todos modos. Los regalos no mejoran las relaciones a largo plazo. Más que cualquier regalo material, lo que sus hijos recordarán y atesorarán toda su vida son los momentos que pasaron juntos, sus aventuras y escapadas colectivas, las cosas graciosas que pasaron, los momentos mágicos. Así que guarde su billetera y construya un banco de recuerdos.

El mito de lo "educativo". Los padres están genuina y correctamente preocupados de que sus hijos aprendan y esta preocupación con frecuencia se refleja en las opciones de juguetes que realizan, los programas de televisión o los paseos. No me malinterprete: El discernimiento es crucial como lo subrayaré en una lección posterior. Pero podemos tener una visión demasiado estrecha de lo educativo. Los museos son lugares fascinantes y en estos días muchos son agradables para los niños, una salida excelente, pero no siempre tenemos que buscar este tipo de información. Un partido de críquet en el campo cerca del lugar de campamento no sería menos valioso. Los padres interesados deben ser alentados a ser menos rígidos.

> *El corazón alegre constituye buen remedio; mas el espíritu triste seca los huesos (Pr. 17:22).*

Recuerde el principio de la negligencia sana. Permita tiempo para no hacer nada estando juntos. O haga cosas locas. Los juegos físicos que implican mucha persecución, gritos y dar vueltas son importantes para los niños pequeños, especialmente para los varones. Los juegos imaginativos de desempeño de papeles, desde vaqueros hasta indios, doctores y enfermeras, son igualmente preciosos. Juegue con ellos en sus términos. Entre a sus mundos. Sorpréndalos. Ellos no lo olvidarán. Será un recuerdo preciado, el día que mamá y papá se disfrazaron de piratas en la mesa de la merienda. Todas sus vidas se enriquecerán en la inversión de tiempo en construir la relación.

PARA PENSAR:

¿Cuáles de los cuatro componentes de la verdadera comunicación es el más débil en su interacción con su hijo?

PARA ACTUAR:

¿Qué pasos pudiera dar para mejorar este componente?

Enumere a continuación algunas actividades que han mejorado o pudieran mejorar su relación con su hijo.

Disciplina

Durante las últimas dos décadas, el ámbito de presión de los derechos de los niños ha sido fuerte. La motivación y la fuente de este ámbito de presión y la "evidencia" que supone traer son de hecho profundamente sospechosos, como lo ha demostrado Lynette Burrows en su excelente libro *Fight for the family* [Luche por la familia]. Sin embargo, proteger a los niños del maltrato en el hogar es evidentemente el deber de toda persona que esté en sus cabales. Y muchos de esos padres han sido inducidos por el argumento de que es un maltrato de un niño per se disciplinarlo, corregirlo y castigarlo. Aparte de las dificultades que les trae a los padres a diario y las consecuencias a largo plazo sufridas por los maestros y la sociedad en general, este argumento es el opuesto a la enseñanza de las Escrituras. La Biblia dice una y otra vez que la corrección y la disciplina son *buenas* para los niños. Son los actos de un progenitor amoroso según el modelo del Padre Dios amante que disciplina a *sus* hijos. Más que eso, es un acto de la mayor crueldad no disciplinar a un niño. Sería como permitirle a sus hijos que jugaran en las vías del ferrocarril. Un caso reciente de los tribunales en Gales halló a padres que hacían eso culpables de homicidio. Pero tome nota:

*No rehúses corregir al muchacho; porque si lo castigas con vara,
no morirá. Lo castigarás con vara, y librarás su alma de Seol
(Pr. 23:13-14).*

En otras palabras, la disciplina es por el bien y la seguridad
del niño. A Amy Carmichael se le enseñó siendo niña que
agradeciera a su padre luego de una disciplina, como
reconocimiento de este hecho. Es importante tener esto en claro
desde el comienzo de un capítulo sobre la disciplina. El asunto
de la disciplina no es para su propia vida tranquila y conveniencia
o como una salida para su enojo. Es el equivalente a enseñarle a
un niño a nadar, es decir, es necesario para la seguridad.

Sin embargo, la disciplina no es lo mismo que el castigo, si
bien puede indudablemente incluirlo. La disciplina es una
estrategia planificada para capacitar por medio de la instrucción,
el aliento, la corrección, el ejemplo y la imposición de sanciones.

Es crucial recordar también que la disciplina bíblica siempre
le da prioridad al interior por sobre el exterior. Que puedas
obtener un corazón de sabiduría es el objetivo expresado en el
libro de Proverbios. La actitud lo es todo. Con demasiada
frecuencia como padres estamos preocupados por lo exterior:
La ropa, la apariencia, los logros en los exámenes de la escuela.
Si estos están bien nos sentimos satisfechos. Pero es bastante
posible que un niño que sobresale en todos estos aspectos sea
orgulloso, mundano, engañoso, egoísta o incluso perezoso. Sin
embargo, tales pecados son mucho más graves que un gusto por
una ropa moderna, la falta de prolijidad o la inaptitud para el
trabajo académico, que por supuesto no es para nada un pecado.
Pero muchos padres, incluso inconscientemente, expresan el
mensaje de que la apariencia externa y los logros en la escuela lo
son todo.

¿POR QUÉ SE PORTAN MAL LOS NIÑOS?

Por supuesto, está la respuesta teológica a esta pregunta. Se portan mal porque son, como somos todos por naturaleza, pecadores rebeldes. Observemos la cuestión desde una perspectiva psicológica simple. Hay cinco razones principales por las cuales los niños se portan mal:

Para llamar la atención

Desde la más temprana edad, un niño aprende que esto funciona como ninguna otra cosa. Los niños ansían atención de sus padres y si no la obtienen de una manera la obtendrán de otra. Así que les resulta divertido mantener abierto el mueble prohibido mientras usted está hablando por teléfono. Por supuesto, usted tiene que corregir este tipo de mala conducta pero también tiene que intentar que el niño deje de usar este medio para obtener su atención. Así que la regla es Atrápelos siendo buenos, y cuando lo haga su atención y alabanza les enseñará que esa es la mejor manera. Puede ser bastante difícil algunos días atrapar a su niño que empieza a andar portándose bien. Pero trabaje en eso. Esta es una capacitación tan eficaz porque refuerza su relación con el niño incluso cuando usted está diciendo explícitamente qué tipo de conducta o actitud obtiene su aprobación. Y todo esto se consigue sin gritar o sin lágrimas. Todos prosperan en un carácter distintivo de alabanza. La sabiduría aceptada es que la alabanza supera a la corrección en una relación de 3 a 1, pero que si quiere iniciar un cambio nuevo o completo de elogio del comportamiento que debe superar a la corrección en una relación de 10 a 1.

Para desafiar la autoridad

Este es el más importante, el que tiene la marca de pecado indeleblemente en él. Lo sutil respecto de esto es que este tipo de mala conducta se manifiesta en pequeñas cosas como la boca fruncida, el tirar una puerta, decir cosas entre dientes, como también en los actos más evidentes de desafío o de desobediencia. Este tipo de mal comportamiento debe ser corregido con mucha firmeza y claridad. Fije o vuelva a formular los límites y no se eche atrás. No importa si su hijo se va a la cama pensando que mamá o papá está un poco enojado. Es más importante que su hijo se vaya a la cama sabiendo quién está a cargo. Recuerde que Dios le ha dado a usted esta autoridad y siempre que no abuse de ella debe ejercerla. De esto usted será responsable.

Para lastimar

Sí, a veces incluso para lastimarlo a usted, el amado padre o la amada madre. Puesto que usted está allí y porque ellos pueden confiar en que lo seguirán amando y porque están enojados o frustrados después de un día en la escuela, serán maleducados o desagradables en casa. Esto debe ser corregido, pero amablemente, teniendo cuidado de tratar con el asunto en sí. Puesto que usted se siente herido o incómodo por este comportamiento se sentirá tentado a vengarse con el tipo de actitud "Has arruinado mi día. Yo arruinaré el tuyo". Olvídese de eso. Usted es el adulto aquí, ¿recuerda? Por otra parte, no ponga demasiadas excusas respecto de su hijo o le robará el derecho de hacerse responsable de su propio comportamiento. A veces he oído a niños pequeños castigados, lamentándose "Estoy cansado". Lo hacen porque han oído tantas veces a sus padres dar esa excusa ante los demás, como si eso convirtiera el mal comportamiento en uno correcto. Puede de hecho que el niño se sienta cansado y el padre sabio hará arreglos para una menor actividad y más sueño en el futuro más cercano, pero incluso un niño pequeño debe aprender que ser maleducado o desobediente es la manera incorrecta de manejar el cansancio. No le inculque el síndrome de la víctima a su hijo. No le está haciendo algún favor.

Para obtener la aprobación de los amigos

Recuerdo que mis dos hijos mayores, de tres y cuatro años, tenían amigos con quienes jugar. Estaban bastante concientes de qué se hacía y qué no respecto de los muebles y los juguetes en el dormitorio. Mi horror al entrar al cuarto luego de dejarlos para que entretuvieran a sus amigos durante un corto rato, lo recuerdo todavía hasta hoy. Mis hijos, que normalmente se portaban bien y eran obedientes, habían quitado los colchones de las camas, retirado todos los libros de los estantes, abierto todos los cajones y vaciado todas las cajas de juguetes. Era una obra de completa demolición y ellos y sus amigos estaban llenos de alegría, hasta que vieron mi rostro. ¿Qué causó que hicieran eso? Era una manifestación temprana de presión de grupo. Querían impresionar a sus amigos con una demostración de bravata. Así que había trabajo por hacer por mí, la madre, después de que quedó en claro que debían limpiar el desorden. Ese trabajo es a largo plazo y serio porque el hijo que destroza su cuarto para impresionar a sus amigos será el hijo que tendrá temor de rechazar las drogas que le ofrezcan en algún rincón del patio de juegos. Así que se les debe enseñar a los hijos la importancia del comportamiento basado en principios y guiarlos en su elección de amigos. Consulte Proverbios 1:10-19 para ver la clara advertencia de Salomón a su hijo en este sentido. Como hijos cerca de la crítica fase de la adolescencia, la presión de grupo se vuelve la fuerza dominante en sus vidas. El libro de James Dobson Preparing for Adolecence [Cómo prepararse para la adolescencia] es un libro muy útil sobre este tema y otros y es de lectura recomendada para los padres de hijos preadolescentes.

Para demostrar falta de adecuación

¿Alguna vez ha observado a un niño portándose mal en un restaurante y sintió compasión por los intentos de los padres avergonzados de disciplinar a su hijo?

¿Alguna vez le ha dado un juguete a su hijo que decía en la caja: Adecuado para ocho años y más, pero porque cree que su hijo es "muy brillante para su edad" se lo dio a los cinco años? Y luego se frustró porque no jugaba adecuadamente con él. Ambas situaciones son casos en el que la mala conducta de un niño está demostrando falta de adecuación. Usted le está pidiendo al niño algo que él no puede dar porque es demasiado pequeño o todavía no cuenta con esas habilidades. Sucede en las escuelas donde a un niño se le da una tarea inapropiada y luego cubre su incapacidad de realizarla esforzándose. Es por eso que un buen maestro diferenciará las tareas con frecuencia para que a los niños se le asignen trabajos que se adecuen a su capacidad y cumpla con sus necesidades. Si un niño está demostrando falta de adecuación, cambie la tarea. A veces los niños se portan mal porque se les da demasiadas opciones. Los niños pequeños no manejan bien una amplia gama de opciones. No tema dar dirección.

LA RESPONSABILIDAD DE LOS PADRES

La Biblia da una regla para los hijos: Obediencia a sus padres (Éx. 20:12). Así que la obediencia es la expectativa general que los padres tienen derecho a tener sobre sus hijos. Sin embargo, dentro de esa expectativa general, será en momentos diferentes y las fases de crecimiento serán un enfoque en particular. Advertirán como padres un área en particular que necesita mejorar. Tal vez llegue cuando se la llame, o responda amablemente o no interrumpa, o no se queje o comparta los juguetes. Así que las reglas particulares deben ser engendradas con referencia a estas áreas específicas. Probablemente sea un mal consejo trabajar en más de dos o tres áreas a la vez. Habiendo, como padres, acordado la forma en que van a actuar hay cuatro etapas:

Establezca reglas: *Sea realista*

En Deuteronomio 5:29-33, Moisés les establece a los israelitas claramente cuáles son las reglas. Los padres no deben hacer menos que sus hijos. A veces, lamentablemente, los niños solo descubren cuáles son las reglas al romperlas. Al establecer reglas la consigna es: Sea realista. Pregúntense si la conducta que están requiriendo está dentro de las capacidades de su hijo a estas alturas de su desarrollo. Como maestra inexperta joven me hice mucho daño al insistir en determinadas conductas que francamente eran demasiado. Luego tuve todo el problema de fijar las normas respecto de estas cosas. Había sido irrealista.

Explique las reglas: *Sea claro y justo*

Salomón en Proverbios 1:8-9 explica por qué está estableciendo preceptos para su hijo. No es solo "porque yo lo digo", si bien usted tiene la autoridad para hacerlo. Los niños pequeños por supuesto no están preparados para explicaciones, pero en la medida que se desarrolla el lenguaje y las habilidades de razonamiento de los niños a veces es útil preguntarle al niño: ¿Por qué piensas que dije eso?, o: ¿Por qué es eso importante? Hágalos participar y habrá muy pocas necesidades de sancionar. La claridad y la justicia son esenciales.

Sea cumplidor de las reglas: *Sea inspirador*

Esto tal vez no sea siempre posible, pero con frecuencia lo es. Por ejemplo, si el asunto son las quejas, instale un grabador de cinta mental para su discurso. ¿Hay un toque de ellos en usted mientras enfrenta los retos de la vida? Si lo hay, entonces comience a abordar el tema en su propia vida respondiendo con alegría, calma y paciencia. Demuestre cómo se hace. Lo mismo se aplica a muchas otras actitudes y conductas. A veces descubriremos que el niño ha aprendido algunas características menos favorables de nosotros. Así que dé vuelta a las cosas y sea un ejemplo inspirador. El apóstol Pablo puede decirle a la iglesia filipense:

> *Lo que aprendisteis y recibisteis y oísteis y visteis en mí, eso haced; y el Dios de la paz estará con vosotros (Fil. 4:9).*

Los padres deben ser capaces de decir menos "no" a sus hijos.

Haga cumplir las reglas: *Sea firme, constante y con control propio*

Las reglas se hacen cumplir a través de una combinación de entrenamiento (ejemplo, observación, comentario, práctica), aliento y castigo. Permita tiempo para aprender y para la corrección amable, pero sea firme y esté vigilante. Habiendo establecido la regla un día no ignore cuando sea quebrantada en la próxima oportunidad porque se siente un poco cansado. Esto es por qué es bueno concentrarse solo en unas pocas áreas a la vez.

El castigo, que provendrá cuando haya una desobediencia directa del tipo de autoridad desafiante, puede hacer uso de consecuencias naturales, consecuencias lógicas o acción directa.

Las consecuencias naturales son amigas de un padre o madre. Pero con demasiada frecuencia los padres protegen a sus hijos de ellas. ¡No lo haga! Es bueno para un niño aprender que el pecado tiene consecuencias desagradables. Así, si el foco es una actitud perezosa o impetuosa, y un niño se olvida de su tarea y tiene problemas en la escuela, resista el impulso de quejarse con la maestra o de correr a la defensa de su hijo. Hágalo responsable. Si el foco es ordenar los juguetes que están en el piso de la habitación y porque no se hizo, algo se pierde o se rompe, no corra a reemplazarlo o a repararlo. Aproveche lo máximo de la oportunidad de enseñanza.

Las consecuencias lógicas son las del tipo muy preferidas por el Mikado, cuyo "objeto totalmente sublime" era "dejar que el castigo coincida con el delito". Entonces, si el foco es la puntualidad y la confiabilidad acerca de cumplir con limitaciones temporales y una joven adolescente no llega a casa a horario luego de haberle permitido una expedición de compras un sábado por la tarde con sus amigas, entonces la consecuencia lógica es no permitirle salir el próximo sábado en la tarde.

La acción directa se refiere a la imposición de sanciones justas, con el objetivo de aclarar que la desobediencia finalmente genera dolor. Si ese dolor es infligido física, financieramente, quitando los privilegios o haciendo que el perpetrador se retire a su cuarto, es absolutamente decisión del padre o de la madre quien tendrá en cuenta las necesidades y la naturaleza del niño. No me avergüenza decir que les daba bofetadas a mis hijos. Aparte del hecho de que está categóricamente recomendado en la Biblia, hallé que tenía muchas ventajas por sobre otras sanciones. Es inmediato y termina pronto lo que es mucho más preferible a otro tipo de castigo, que hace que el tiempo que transcurre entre medio genere una atmósfera bastante desagradable. Además las sanciones a largo plazo requieren poderes irreales de memoria por parte de un padre ocupado. Una vez que se ha aclarado el punto, ya sea a través de una palmada o una bofetada, las buenas relaciones se restauran rápidamente y según mi experiencia, afectuosamente. El incidente ya pasó.

El ámbito de presión antibofetada que ha logrado que golpear a los niños de menos de tres años sea ilegal en Escocia y que continuará con sus esfuerzos hasta que lo mismo o más se logre en el resto de Gran Bretaña, debe ser reconocido por lo que son, como antifamilia. Este no es el lugar para ese debate en particular. Usted puede avalar su punto de vista si así lo desea. Sin embargo, muéstreme una familia con chicos grandes que estén bien motivados, con control propio, alegres, amorosos y ciudadanos honestos y yo le mostraré una familia en la que los padres no temían pegarles a sus hijos pequeños cuando se portaban mal. Mi propia experiencia es que el momento adecuado para darles una bofetada es antes de la edad escolar y que si usted es intrépido, entonces, rara vez tendrá que usar "la vara" después. Se dice que los niños aprenden más antes de cumplir los cinco años que en el resto de todos sus años juntos. Esto es verdaderamente cierto en el área de la disciplina propia. Mi hijo mayor, a los tres y cuatro años de edad, solía ver una mirada en mi rostro y decía rápidamente: "¡Me voy a golpear yo mismo!" El sabía bien lo que venía. Una vez que aprendió a internalizar esa conciencia y a controlar su conducta, ya no hubo necesidad de volver a golpearlo. Otro de mis hijos necesitaba mucho menos castigo físico, siendo mucho más ansioso por complacer y muy sensible a mi desagrado. Así que los niños son diferentes. Lo verdaderamente importante que deben recordar los padres en este respecto es que el peor tipo de disciplina es el que se impone cuando usted ha perdido los cabales. Entonces es cuando es probable que reaccione exageradamente y haga algo dañino o peligroso, ya sea que el castigo sea físico o emocional.

CÓMO MANEJAR UNA CRISIS DE CONDUCTA

En ocasiones sucede un incidente que requiere más que la corrección común. En dichos momentos un padre o una madre puede sentirse muy desalentado y pensar: "¿Cómo terminará esto? ¿Lo tendré que visitar en la cárcel dentro de unos años?" La siguiente serie de preguntas, que tomamos prestadas y adaptamos hace muchos años de algunas cintas útiles de John MacArthur, puede ayudarlo a convertir una crisis de comportamiento en una oportunidad de aprendizaje. No entre en pánico. Dé las gracias de que algo ha sucedido que le permitirá poner sus cartas claramente sobre la mesa. El objetivo es enseñarle al niño a responsabilizarse por sus actos. Así que cuando esté tranquilo, siéntese con el niño, insista en el contacto ocular y comience así:

Pregunta 1: *¿Qué hiciste?*

El niño siempre querrá contarle lo que alguien más hizo. No lo acepte. Si bien hay un tiempo para escuchar situaciones agotadoras, lo primero que hay que establecer es qué hizo el niño en realidad. El niño debe verse como un agente responsable y no principalmente como una víctima. Usted se sentirá tentado a preguntar "¿por qué?", pero resista en primera instancia. Cuando pregunta por qué en lugar de qué, abre la puerta al cambio de culpas. Habiendo dicho esto, sea justo y sondee hasta que tenga todo el panorama.

Pregunta 2: *¿Qué fue lo bueno o lo malo que hiciste?*

Esta pregunta atrae al niño dentro del proceso de la disciplina y lo obliga a hacer un juicio moral. Si el niño confía en usted y la situación es calmada, un niño por lo general admitirá una falla y podrá ser elogiado por tal sinceridad. Con un niño más grande podría incluso preguntarle por qué estuvo mal. Lo principal aquí es hacer entrar la dimensión moral. Esto es entrenamiento: La conducta es buena o mala.

Pregunta 3: *¿Cómo pudieras haberlo manejado mejor?*

Esto le permite al niño considerar otras conductas alternativas. Los retos de la vida nos presentan opciones según cuál sea nuestra respuesta. Hay siempre más de una. Un fracaso en una ocasión puede permitirle al niño ver que X no fue una buena respuesta, pero Y o incluso Z pudiera ser preferible. Esto es aprender para el futuro. Si el niño no puede pensar en alguna alternativa, sugiera algunas, pero no lo haga demasiado rápidamente. Cuanto más salga realmente del niño, mejor. Como lo dice el refrán moderno: Serán dueños de lo que hagan.

Pregunta 4: *La próxima vez que surja una situación similar, ¿cómo la manejarás?*

El niño elegirá una de las alternativas de la respuesta a la pregunta 3. Usted puede hablar de la utilidad práctica de esto.

Pero de nuevo, espere la respuesta del niño. No responda por él o por ella. El propósito aquí es conseguir que el niño se comprometa a un cambio de conducta o de actitud; más dueño de la misma.

Pregunta 5: *Ahora, si surgiera una situación similar y no pudieras manejarla de la forma en que has acordado, ¿cuál crees que sería un castigo justo por no cumplir con tu promesa?*

Este es un paso fundamental. Llega a realizar un contrato entre ustedes. Le permite al niño ver la justicia de la disciplina en la próxima ocasión. También le permite al niño ver la paciencia y la bondad del padre o de la madre. No hay castigo esta vez. El niño tiene una oportunidad de aprender y mejorar. Pero la próxima vez que suceda es absolutamente esencial que el padre lleve a cabo la sanción según lo acordado. El hecho de no hacerlo perjudicará la credibilidad del padre y hará que todo el proceso sea invalidado. Entonces el niño creerá que la obediencia no tiene importancia.

Lo bueno de este sistema es que le da al padre una participación en la crisis. Cuando este diálogo se produce en un tono afectuoso aunque serio, en realidad mejora la relación. Algo se ha comprendido y acordado entre ustedes. El niño sabe dónde está parado, los límites se aclaran, pero su compromiso con él o con ella también se ven subrayados. Así que siguen adelante, como mejores amigos de lo que eran antes.

PARA PENSAR:

Recuerde un incidente reciente o típico del actuar de su hijo y elabore cuál de las cinco razones de esta sección "Por qué se portan mal los niños" la explica.

¿Cuál es una respuesta apropiada?

PARA ACTUAR:

Decida, con su esposo o su esposa cuál debe ser el enfoque actual para entrenar a cada uno de sus hijos.

Escriba cómo y cuándo establecerá, explicará, pondrá en ejecución y hará cumplir este enfoque.

Evaluar

Su hijo está en la posición de recibir, en el sentido de las telecomunicaciones. Él o ella desde que nacieron, capta mensajes y los usa para interpretar y comprender el mundo. Los niños pequeños se vuelven bastante expertos en captar mensajes que usted no tiene la intención de que reciban. Llamábamos a uno de nuestros hijos "radar" porque siempre sabía lo que estaba sucediendo, incluso cuando nos ocupábamos de clasificar la información como oficialmente secreta. A medida que el niño pequeño crece, la información recibida proviene de un rango que está mucho más allá del control de los padres.

Las décadas recientes han sido testigos de todo tipo de reacciones alarmistas por parte de padres, incluso ante actividades que una generación anterior pensaba que eran inocuas o hasta beneficiosas. A los patios de juegos de los niños se les debió cambiar la superficie, en caso de que un niño fuera lo bastante tonto como para saltar desde la parte de arriba de un tobogán. Más tarde, ese pensamiento se revirtió en algunos lugares, porque proporcionar siempre un aterrizaje suave podría alentar a los niños a un falso sentido de la seguridad y pensar que estaba bien saltar desde cualquier lado desde cualquier altura.

Leí acerca de una maestra de escuela dominical que tenía una idea para un juego que involucraba que los niños pegaran notas en sus frentes. Un padre, al oír sobre esto, objetó que las notas con adhesivo podían irritar la piel de los niños. El juego se abandonó.

Los padres son cuidadosos de sopesar los peligros potenciales para sus hijos casi hasta el punto de la paranoia. La preocupación respecto de la vacuna MMR, incluso sobre la base de evidencias mínimas e inconcebibles, hizo que miles de padres dejaran a un lado el esquema de inmunización de salud pública que ha salvado muchas vidas. A muchos niños no se les permite jugar en la calle o caminar hasta la escuela debido al temor de que haya un pedófilo andando por allí. En consecuencia, está incrementándose la obesidad en los niños.

Por supuesto, muchas de estas preocupaciones son genuinas y los padres tienen que tomarlas en serio. Pero mi objetivo en esta lección es alentar a los padres a dedicar menos energía intentando proteger a sus hijos de estas situaciones sumamente raras y que consideren y evalúen más los mensajes y las presiones que rodean a los niños, tanto dentro como fuera del hogar. Es mucho más probable que estas cosas "secuestren" o "dañen" a su hijo, que un extraño vistiendo un sobretodo o un aditivo en una galleta de chocolate.

LA NORMA

¿Contra qué norma mediremos la información que reciben nuestros hijos?

Por lo demás, hermanos, todo lo que es verdadero, todo lo honesto, todo lo puro, todo lo amable, todo lo que es de buen nombre; si hay virtud alguna, si algo digno de alabanza, en esto pensad (Fil. 4:8).

Esta es una guía útil en cuanto a su propia información. Entonces, en su conversación y en las historias que lee con sus hijos, las películas o los programas de televisión que miran, las actividades de ocio que planifican, apunten a la verdad, lo amoroso y lo que vale la pena. Esto no quiere decir que todas las historias deban ser de no ficción. Por el contrario, la Verdad, con V mayúscula, puede con frecuencia ser mejor llevada a cabo con el vehículo de un cuento de ficción. El Señor Jesús sabía esto cuando eligió expresar muchas de sus enseñanzas por medio de las parábolas. Algunas historias de fantasía son más verdaderas en este sentido que una historia que parecería ser real, debido a un contexto familiar. Así que haga uso de una amplia gama de historias. Sea explícito al elegir su opción, porque el objetivo es que usted le está enseñando a los niños a que disciernan por sí mismos. Así que en algún punto permítales la libertad de opción y luego hágalos evaluar. Esto es mucho más valioso que censurar determinados programas o libros. Aunque sea tentador no dar permiso del todo para ver la televisión o películas, el fin de tal procedimiento es que los niños las mirarán en secreto o en casa de un amigo. Entonces se cierra la oportunidad de diálogo. Mucho más educativo es mirar un programa con su hijo para que puedan evaluarlo juntos.

Este asunto se pone en foco cuando los niños llegan a la adolescencia. Yo recomiendo el excelente libro Age of Opportunity [Edad de la oportunidad] de Paul David Tripp. En este libro, Tripp analiza los mensajes de la cultura contemporánea y analiza las respuestas características. Describe a dos familias: Los Smith y los Jones. Los Smith han criado a sus hijos de acuerdo con una filosofía de protección por medio de la prevención. Así que tienen una larga lista de actividades tabú, que incluyen la música moderna, bailar, películas, televisión y otras. Esta respuesta es peligrosa, porque deja de lado el hecho de que la gran fuente del mal es el corazón humano. No lo que entra sino lo que sale es malo, dijo Jesús. Tal respuesta conduce lamentablemente a una actitud santurrona engañosa. También hace que los niños sean de forma decidida e innecesaria, aislados y raros en una forma que nada tiene que ver con el evangelio.

Los niños de los Jones son bastante diferentes de los Smith. Están en la última moda de la música, la ropa y el ponerse zarcillos por todo el cuerpo. Tienen televisores en sus habitaciones y se les da mucha libertad. Esta respuesta a la cultura es peligrosa porque supone una neutralidad moral acerca de todo y no hay un intento por parte de los padres o de los niños de evaluar el mensaje.

Como casi siempre sucede, el camino intermedio es al que hay que apuntar. Esa es la forma de comprender e interactuar con la cultura. Usted puede entrenar a sus hijos desde una edad temprana a realizar preguntas, detectar mentiras y tomar buenas opciones.

LOS RECURSOS

a) La familia cristiana. Esta es, o debería ser, un lugar de orden, amor y respeto (Ef. 5:22-23), de fe sincera (2 Ti. 1:5) y de capacitación e instrucción (Ef. 6:4).

> *Con sabiduría se edificará la casa, y con prudencia se afirmará;*
> *y con ciencia se llenarán las cámaras, de todo bien preciado y*
> *agradable (Pr. 24:3-4).*

Recuerdo cuando era una madre joven haber visitado el hogar de una familia cristiana, cuyos tres hijos eran adolescentes. Nos invitaron a unirnos a la familia a una cena común de día de semana. No recuerdo lo que comimos pero la atmósfera de ese hogar, la calidad de las relaciones y la conversación fue algo que me impresionó profundamente. Estos son tesoros raros y hermosos. Quería un carácter distintivo como ese en mi hogar para mi familia.

Crear el tipo de hogar que lo convierte en un lugar al que los hijos les encanta regresar no es cuestión de mero mantenimiento. Estos tesoros no se venden en alguna tienda importante. Vienen a través de la sabiduría, que comienza con el temor al Señor. Descubrí que un hogar como ese no se crea automáticamente, necesita una inversión de tiempo y trabajo.

> *La mujer sabia edifica su casa; mas la necia con sus manos la derriba (Pr. 14:1).*

Describir a una mujer como edificadora de su hogar sería equivalente a un insulto en estos días, y sin embargo ese el título de la tarea al que una madre sabia aspirará. Que dicha madre construya su casa será de mucha mayor importancia que progresar en su carrera o aportar al ingreso de la familia en nombre del así llamado mejor nivel de vida.

Esta característica distintiva positiva de la familia cristiana hará más para contrarrestar todo el materialismo, el consumismo, el secularismo, el hedonismo y todos los otros "ismos", que son los mensajes prevalecientes de nuestra cultura, que todas las conferencias, los toques de queda y las preocupaciones del mundo.

Había una película realizada en la década de los años 90 del clásico de Louisa M. Alcott, *Little Women* [Mujercitas]. La fuerte impresión visual creada por los realizadores del film era del brillo cálido que resumía a la familia March. El corazón ardiente de ese brillo era Marmee, una madre de generosidad ejemplar, laboriosidad y sabiduría. El hogar que ella creó para sus hijas era tan magnéticamente poderoso y atractivo que al solitario Laurie, el niño de la casa de al lado, casi no le importaba con cuál de las chicas March se casaba. Solo quería formar parte de esa familia. Una familia cristiana puede emanar ese tipo de brillo invitador en este mundo cínico.

b) La mesa de la cena. Por supuesto, esto forma parte de lo anterior, pero es una parte tan crucial que merece una sección propia. ¿Ha advertido las referencias en el Nuevo Testamento a Jesús comiendo con personas? Estas ocasiones significan más que meramente alimentar un estómago vacío. Los fariseos dijeron sobre Jesús:

> *Este a los pecadores recibe, y con ellos come (Lc. 15:2).*

Comer con una persona proporciona una oportunidad única para una conversación íntima e importante. De ahí, las palabras de Cristo a la iglesia de Laodicea:

> *He aquí, yo estoy a la puerta y llamo; si alguno oye mi voz y abre la puerta, entraré a él, y cenaré con él, y él conmigo (Ap. 3:20).*

Es en la mesa de la comida diaria que la información del día puede revisarse y tratarse las ideas. Es aquí que las habilidades de cuestionar las suposiciones y de detectar las mentiras de la cultura contemporánea pueden ser sacadas a la luz. Desde el lado positivo, las cosas que son nobles, puras o admirables pueden ser elogiadas y celebradas. Tal vez de las historias del día haya ejemplos a seguir o a evitar. Habrá humor, juego y diversión. Haga que el hecho de comer juntos sea una prioridad incuestionable.

c) La iglesia local. Un niño que desde su más temprana edad ha sido criado asistiendo a los cultos dominicales y a otros eventos en una iglesia donde la Biblia es central para la fe y la vida, tiene acceso a una familia extendida sumamente importante. Aquí hay personas que tienen normas similares a las de su familia, pero que las expresan a través de diferentes personalidades. Aquí hay un enorme conjunto de habilidades y experiencia: Personas con quién jugar; a la que preguntar. Aquí hay una oportunidad para actividades sanas conducidas por personas en las que usted puede confiar. Aquí hay mucha gente, cada una con su propia historia para contar acerca de la gracia de Dios. Aquí hay muchos ejemplos a seguir.

Un hijo de una familia cristiana frecuentemente se sentirá raro en la escuela o con otros amigos. Pero la iglesia es un lugar al que pertenecer. Aquí hay otros niños que tienen padres como los suyos. Ellos comprenden. Usted puede sentirse descansado. La vida de nuestros propios hijos fue enriquecida por las amistades que entablaron en la iglesia. Así que, haga todo lo que pueda por alentar amistades de la iglesia.

d) La iglesia más amplia. Algunas comunidades más pequeñas tienen recursos limitados. Estas, en particular, los eventos entre iglesias, las conferencias y las vacaciones proporcionan más oportunidades valiosas como la mencionada más arriba. Es bueno para los niños oír el evangelio, el mismo evangelio, en otro contexto y de distintas personas. Los campamentos para jóvenes por lo general brindan oportunidades para pensar y tratar temas con otras personas, así como para oír algunas enseñanzas excelentes.

EL PROGRAMA EQUILIBRADO

Y Jesús crecía en sabiduría y en estatura, y en gracia para con Dios y los hombres (Lc. 2:52).

Se ha dicho que Jesucristo fue el único niño totalmente normal, en el sentido de fijar una norma. La respuesta a la pregunta acerca de cómo debe desarrollarse un niño es que él o ella debe crecer en sabiduría, estatura y gracia con Dios y gracia con los hombres. Eso comprende cuatro áreas de desarrollo:

- Sabiduría – desarrollo intelectual.
- Estatura – desarrollo físico.
- Gracia con Dios – desarrollo espiritual.
- Gracia con los hombres – desarrollo social.

El crecimiento en todas estas áreas es importante para un ser humano completo. Como padres, de acuerdo con nuestras propias aptitudes o entusiasmos, a veces corremos el peligro de concentrarnos en un área e ignorar otras. Así que el papá al que le gusta el fútbol puede prestarle mucha atención a las habilidades con la pelota de su hijo, a su estado físico y a su coordinación, pero no encuentra el tiempo de leer la Biblia con su hijo o de enseñarle a orar. O los padres pueden estar tan interesados en el progreso espiritual de un niño que podrían olvidarse de que un niño necesita correr, saltar y jugar.

La mayoría de los padres delega alguna parte de la información a una escuela y son cuidadosos y críticos en su elección de una escuela. Tienen razón. Pero debemos recordar que los niños dedican aproximadamente cinco veces más de sus horas de vigilia en casa de lo que lo pasan en la escuela. Así que quizá debiéramos ser más concientes de qué están aprendiendo en casa, especialmente teniendo en cuenta que los niños aprenden más no por decirles algo sino por observarnos. Un niño cuyos padres encuentran un inmenso placer en leer probablemente descubra ese gozo para sí mismo.

Las necesidades individuales también deben tenerse presentes.

Por el bien del equilibrio un niño naturalmente académico, que estaría sentado todo el día mirando un libro puede necesitar que lo obliguen a ir al parque. Un niño tímido y ensimismado necesita que le den oportunidades de aprender habilidades sociales. Idealmente un padre o una madre debe controlar el progreso de su hijo en las cuatro áreas de desarrollo para que puedan detectarse brechas y se tomen medidas para llenar esas brechas. Pero generalmente estas cosas se manifestarán solas bastante naturalmente; la vida familiar no es un campo de entrenamiento, ni debería serlo.

Cada edad tendrá su enfoque apropiado. En los años de lactancia, por ejemplo, un padre buscará y alentará el desarrollo del habla y el lenguaje. ¡Esto tiene una precedencia lógica y cronológica sobre la lectura y la escritura! No importa cuán preocupado esté por la alfabetización, realmente procederá mucho mejor si sus hijos primero han aprendido a hablar, a escuchar y a gozar del lenguaje.

En el aspecto físico, la educación sexual es irrelevante y poco significativa para un niño de cinco años, pero un tema muy importante de instrucción y tratamiento con un adolescente.

Toda esta es una tarea intimidante. ¿Quién puede enfrentarla? No se preocupe. Hay ayuda a mano.

PARA PENSAR:

¿Qué mensajes está recibiendo su hijo fuera del hogar?

¿Cómo se comparan o contraponen con los mensajes de dentro del hogar?

PARA ACTUAR:

Trate con su esposo o con su esposa cada una de las necesidades actuales de sus hijos bajo los títulos:

Sabiduría

Estatura

Gracia con Dios

Gracia con los hombres

¿Cómo cumplirá con esas necesidades?

COMPLETE ESTE CUADRO

Nombre del niño	Desarrollo intelectual	Desarrollo físico	Desarrollo social	Desarrollo espiritual

Temer al Señor

*En el temor de Jehová está la fuerte confianza; y esperanza
tendrán sus hijos (Pr. 14:26).*

Muchas personas, cualquiera sea su fe personal o la falta de la
misma, pudieran estar de acuerdo con la importancia de las
primeras cinco lecciones para padres cansados. Pero esta es la
lección con la que muchos pudieran disentir. "¿Por qué incluir
temas religiosos?", pudieran preguntar. Por cierto, algunos
pudieran argumentar que los creyentes no tienen el monopolio
sobre cómo ser buenos padres.

Es verdaderamente cierto que muchos padres, que no tienen
ninguna fe en Dios, hacen una buena tarea criando a sus hijos
como seres humanos seguros, felices y decentes. Y eso no me
sorprende. La Biblia enseña la doctrina de la gracia común, por
la cual los seres humanos hechos a la imagen de Dios son capaces
de una gran bondad y sabiduría. Solo porque todos seamos
completamente pecadores, no quiere decir que todos seamos
tan malos como pudiéramos serlo. Esa también es la gracia de
Dios.

Sin embargo, debe decirse que los principios descritos en este
libro están firmemente enraizados en la Biblia. Si encuentran

aceptación fuera de los círculos de creyentes, esto se debe a que los padres en el mundo occidental hoy todavía viven con el legado de una cultura donde la Biblia fue la autoridad incuestionable sobre cómo vivir.

Cuando les pido a los padres de niños pequeños que recopilen una lista de atributos que les gustaría que tuvieran sus hijos cuando fueran grandes, digamos, cuando tuvieran veintiún años, hay mucho acuerdo. Se emplean palabras como generoso, amoroso, gran trabajador, responsable. Estas son virtudes cristianas y reto a cualquier humanista secular a persuadirme de la corrección de los mismos sin referirse a los absolutos cristianos. En un estado de bienestar y de "cultura de los beneficios", ¿por qué no criar a su hijo para que sea perezoso y espere que le den todo servido? El motivo es que algo dentro de nosotros clama que esa no es la mejor manera de vivir; sería una negación de nuestra humanidad. Hemos sido hechos por Dios y las instrucciones del Hacedor no pueden ignorarse sin algún tipo de incomodidad o malfuncionamiento.

Debería enfatizarse también que cuando los padres le temen al Señor les están dando a sus hijos la mayor seguridad posible. Están construyendo un fuerte para sus hijos. Ninguno de nosotros conoce el futuro. Como padres, nuestro primer pensamiento, si nos golpeara una enfermedad mortal, sería ¿qué le sucedería a los niños? Todas las pólizas de seguro del mundo no compensarán su ausencia, la del padre o madre amantes. Pero cuando ha vivido su vida con temor al Señor, buscando conocerlo y honrarlo, entonces sabe que debajo de sus brazos que sostienen a sus hijos están los brazos imperecederos. No hay seguridad como esa. No puede comprarse con dinero.

El principio de la sabiduría es el temor de Jehová; los insensatos desprecian la sabiduría y la enseñanza (Pr. 1:7).

ENTONCES, ¿QUÉ ES EL TEMOR AL SEÑOR?

Temer al Señor es primero que todo reconocer su presencia y en segundo lugar, temer esa presencia. Dios está ahí y nuestro olvido de ese hecho no lo quitará de su lugar. Él está ahí; este es su mundo; Él nos conoce y somos responsables ante Él. Este versículo de Proverbios nos está diciendo que hasta que no comprendamos todo esto nunca podremos verdaderamente comprendernos a nosotros mismos, a nuestros hijos o a nuestro mundo. En el contexto de la tarea de padres, esto tiene una enorme importancia. A veces nuestros hijos pueden cuestionar nuestra insistencia sobre algún aspecto de la conducta o actitud. No siempre es posible explicar todo lógicamente para la satisfacción de un niño. Pero la real verdad es esta. Su hijo es responsable ante usted por su obediencia; mientras tanto, usted es responsable ante Dios por llevar adelante sus instrucciones. Esto no es un capricho ni una cuestión de gusto personal. Es un mandato serio y vinculante desde el Dios que creó el universo.

Además, este versículo de Proverbios establece la base de todo aprendizaje. Los educacionalistas han acuñado una nueva palabra: aprendicidad, por lo cual quieren dar a entender la capacidad de aprender. Hallan que algunos niños no la tienen. Pueden estar sentados en un aula todo el día y no aprender nada aunque la maestra sea excelente. Por otra parte, se ha observado que algunos niños tienen aprendicidad en abundancia. Estos son niños que tienen tranquilidad de espíritu, una calma interior que les permite escuchar y recibir lo que se les enseña. Dichos niños, posiblemente sin que se den cuenta, han comprendido la orden de Dios. Saben que no son el centro del universo. No desprecian la sabiduría ni la disciplina y llegarán lejos no solo en el sentido académico.

Entonces, solo los padres más tontos no querrían esto para sus hijos, Pero primero...

TÉMALE USTED AL SEÑOR

Como padres, somos bastante buenos en esperar más de nuestros hijos que lo que lo somos respecto de nosotros mismos. Tenemos aspiraciones elevadas para ellos. Es posible que deseemos que tengan éxito en las cosas en que hemos fracasado, precisamente porque hemos saboreado la amargura de ese fracaso. Cuando se trata de valores espirituales, la Biblia es bastante clara acerca de la orden. El requisito previo principal para enseñar a nuestros hijos a amar a Dios es que usted lo ame.

> *Oye Israel: Jehová nuestro Dios, Jehová uno es. Y amarás a Jehová tu Dios de todo tu corazón, y de toda tu alma, y con todas tus fuerzas. Y estas palabras que yo te mando hoy, estarán sobre tu corazón, y las repetirás a tus hijos... (Dt. 6:4-7).*

Los padres cristianos desean más que todo que sus hijos se vuelvan cristianos. Comprenden plenamente que esta es la obra de Dios. Nadie nace cristiano. Uno tiene que "nacer de nuevo" a través del arrepentimiento y la fe en Jesucristo. Esta es la obra de Dios. Así que los padres cristianos oran con mayor regularidad y fervientemente porque Dios, por medio de su Espíritu Santo, obre en los corazones de sus hijos.

Pero Dios hace residir en los padres cristianos la responsabilidad primeramente de mantener sus propias vidas espirituales. Cuando somos cautelosos al asegurarnos que nuestros hijos lean a diario la Biblia, ¿somos igualmente de cautelosos y diligente sobre nuestra propia actitud al respecto? ¿O las presiones de la vida e incluso la paternidad o la maternidad mismas nos hicieron dejar en espera nuestras propias vidas espirituales, de modo que solo nos dejamos llevar? Esto es peligroso, porque sus hijos finalmente detectarán la hipocresía y se inclinarán a desdeñar con gran facilidad toda exhortación de confiar en Cristo o de tomar en serio sus enseñanzas.

¿QUIÉN TIENE QUE ENCARGARSE DE LA ENSEÑANZA?

Porque yo sé que mandará a sus hijos, y a su casa después de sí, que guarden el camino de Jehová, haciendo justicia y juicio, para que haga venir Jehová sobre Abraham lo que ha hablado acerca de él (Gn. 18:19).

Los padres deben hacerse responsables de enseñar las cosas de Dios a sus hijos. El padre, como cabeza del hogar, fija la dirección. Esto no significa que él deba encargarse de toda la enseñanza. Las madres también deben ser maestras:

Oye, hijo mío, la instrucción de tu padre, y no desprecies la dirección de tu madre (Pr. 1:8).

No es principalmente la responsabilidad de la iglesia, la escuela dominical o cualquier otro ente cristiano enseñar a los niños. Debe haber instrucción divina en el hogar, incluso cuando, como hemos aprendido en capítulos anteriores, estas otras entidades se observan y se utilizan como recursos valiosos. Se las debe considerar como un respaldo y su agenda será mucho más amplia. Así que desde la edad más temprana fije un patrón de asignar tiempo todos los días para oír la Palabra de Dios. Pablo escribió de Timoteo que desde la infancia él había conocido las Sagradas Escrituras (2 Ti. 3:15). Vaya efecto el que tuvo esa enseñanza, sin duda debido a la fe sincera de quienes la impartieron.

Trayendo a la memoria la fe no fingida que hay en ti, la cual habitó primero en tu abuela Loída, y en tu madre Eunice, y estoy seguro que en ti también (2 Ti. 1:5).

Los abuelos cristianos también pueden hacer una contribución significativa.

¿QUÉ DEBO ENSEÑAR?

- *Enseñe el camino a la salvación.* La madre y la abuela de Timoteo le enseñaron al niño las Escrituras para hacerlo "sabio para la salvación". Lamentablemente, gran parte de la literatura cristiana para niños pequeños habla de Dios como creador y como el que nos ama, como si hablar del pecado y de la necesidad de rescate fuera inapropiado.
- *Enseñe la naturaleza de Dios.*

Generación a generación celebrará tus obras, y anunciará tus poderosos hechos. En la hermosura de la gloria de tu magnificencia, y en tus hechos maravillosos meditaré. Del poder de tus hechos estupendos hablarán los hombres, y yo publicaré tu grandeza. Proclamarán la memoria de tu inmensa bondad, y cantarán tu justicia (Sal. 145:4-7).

Así que cuando cuente historias bíblicas saque de ellas lo que enseñan acerca de Dios, su grandeza, santidad, poder, bondad y amor.

- *Enseñe la ley de Dios.* Los Diez Mandamientos no solo nos dicen más acerca de cómo es Dios, sino que son la mejor manera de vivir. Pero recuerde que en el pacto de la gracia, el propósito de la ley es el de exponer nuestro pecado y enviarnos corriendo a Cristo. Los niños son por naturaleza legalistas y en veinticinco años de enseñanza en la escuela dominical con frecuencia he conocido a niños de hogares cristianos que expresaban la visión sincera de que uno puede llegar al cielo siendo bueno.

- *Enseñe a orar.* Si los discípulos, que eran adultos, pudieron decirle al Señor: "Enséñanos a orar", cuánto más los niños pequeños necesitan esta instrucción.
- *Enseñe las verdades elementales.* Algunas de estas se enumeran en Hebreos 6:1-2. Algunas de ellas pueden no sonar para nada elementales, pero se las debe incluir en un programa completo de instrucción. Así que enseñe sobre Cristo, el arrepentimiento, la fe, el bautismo, la iglesia local, qué sucede cuando muere alguien, el juicio eterno. En otras palabras, no tenga temor respecto de la doctrina, diciéndose a sí mismo: "Solo contaré las historias bíblicas". Enseñe doctrina a través de las historias o enséñela a través de un sistema de preguntas y respuestas.
- *Enseñe el comportamiento práctico moral.* De eso se trata Proverbios. Fue escrito específicamente para personas jóvenes y contiene discernimientos de la vida y advertencias respecto de las consecuencias del comportamiento tonto (es decir, no perteneciente a Dios). Son prácticos y coloridos, tocando temas importantes como el comportamiento sexual, el alcohol, la ira, la pereza, la codicia, la bondad, la sinceridad y el orgullo.

¿CÓMO DEBO ENSEÑAR?

La noción de las oraciones en familia podría conjurar una imagen del hogar victoriano reunido en el comedor en una postura respetuosa, mientras que el patriarca entona las Escrituras y las oraciones. Esa no es la imagen de las Escrituras. No hay ninguna indicación en la Biblia de que esa instrucción es por ósmosis. En otras palabras, que por insistir, esos niños de cualquier edad se sentarán con una actitud tranquila y atenta mientras se predica la Palabra de Dios y se dicen oraciones, y ya usted ha cumplido con su deber al llevarlos en la instrucción del Señor. Es el interior lo que cuenta al criar a los hijos, recuérdelo. Muchos niños que se comportan impecablemente se han sentado en un asiento domingo tras domingo, año tras año, y lo único que han aprendido fue cómo hacer que parezca que están escuchando cuando no lo están. No hay ganancia espiritual a no ser que participen el corazón y la mente. Por supuesto, los niños necesitan aprender que hay momentos para que se queden sentados tranquilos, incluso si lo que están oyendo va más allá de sus capacidades. Pero no nos engañemos acerca del valor de esos ejercicios para el crecimiento espiritual del niño. Cuando las madres trajeron a sus hijos a Jesús, no puedo imaginar que los haya sentado y les predicara un sermón. Incluso cuando les habló a los adultos, casi siempre utilizó historias e imágenes con relevancia contemporánea para su público. Nadie lo acusó de ser simulador, de hablar en un nivel más bajo o de no tener una intención seria. Por el contrario, la gente se aferró a cada una de sus palabras y comentó sobre su autoridad. Si Jesús se tomó tal trabajo para que su enseñanza fuera accesible y apropiada para sus oyentes, ¿no deberíamos hacer lo mismo por nuestros hijos? Así que a continuación presento algunas sugerencias respecto de las oraciones familiares.

- *Tenga presente un tiempo breve periódico.* No sea demasiado ambicioso. De tres a cinco minutos con niños pequeños fija el patrón y es lo bastante prolongado como para declarar que Dios es el centro de nuestro hogar.

- *Considere el nivel y hágalo interesante y divertido.* Use los juguetes de los niños para agregar dramatismo a la historia de la Biblia. Si están sentados alrededor de la mesa, use las cosas que los rodean.
- *Permita tiempo para preguntas e incluya un testimonio personal en sus respuestas.* Con frecuencia este es el método de enseñanza recomendado en Deuteronomio.

Mañana cuando te preguntare tu hijo, diciendo: ¿Qué significan los testimonios y estatutos y decretos que Jehová nuestro Dios os mandó? Entonces dirás a tu hijo: Nosotros éramos siervos de Faraón en Egipto, y Jehová nos sacó de Egipto con mano poderosa (Dt. 6:20-21).

- *Varíe el material.* Trabaje con diferentes libros; use cintas o canciones; memorice pasajes de las Escrituras; cuente historias misioneras o de la historia de la iglesia. Siempre esté alerta en busca de nuevos materiales.
- *Sea espontáneo.* Si bien su tiempo de oración familiar tendrá un sistema y un plan, no piense que su mandato para instruir a sus hijos en las cosas de Dios está restringido a esos pocos minutos.

Y estas palabras que yo te mando hoy, estarán sobre tu corazón; y las repetirás a tus hijos, y hablarás de ellas estando en tu casa, y andando por el camino, y al acostarte, y cuando te levantes (Dt. 6:6-7).

Si Dios y su mundo llegan a formar parte de la conversación en forma natural en otros momentos del día en el contexto de la vida normal, habrá una realidad acerca de su fe que hará su propio efecto. Dios es el Señor de toda nuestra vida. Tener una división sagrada-secular es a la vez artificial e inútil. Ayude a sus hijos a ver que vivimos toda nuestra vida ante Dios. Ese es el temor al Señor.

LAS ACCIONES HABLAN MÁS
FUERTE QUE LAS PALABRAS

Tenga presente que su ejemplo es más elocuente que sus palabras. En una cultura anticristiana es tentador tener prioridades mundanas. Esas prioridades mundanas incluyen colocar a sus hijos en primer lugar. Por más importantes que son sus hijos, por cierto más importantes que el dinero o la fama, convertirlos en su ídolo es hacerles a ellos y a usted mismo un gran daño. No solo porque correrán el peligro de volverse malcriados y personas no atractivas; no solo porque al final les exigirá lo que no pueden brindar y puede hasta alejarlos de usted. Colocar a sus hijos en el lugar de Dios es ofensivo para Él y lo privará a usted y a sus hijos de la bendición que proviene de la obediencia. Colocar a Dios en primer lugar a veces puede ser una inconveniencia a corto plazo para sus hijos. A veces pienso en Noé, quien

> Cuando fue advertido por Dios acerca de cosas que aún no se veían, con temor preparó el arca en que su casa se salvase (He. 11:7).

Estoy segura de que en algunos puntos es muy agobiante tener un padre que ha establecido este proyecto enorme.

—*¿Por qué estás construyendo este arca, papá?*
—*Porque Dios me dijo que lo hiciera.*

Pero ese arca salvó a su familia de la inundación. La singularidad de corazón y de mente que le debe haber tomado a

Noé en el transcurso de todos esos largos años de arduo trabajo, al colocar en primer lugar a Dios y su palabra, fue para la propia bendición de su familia. Nosotros queremos que nuestras familias se salven. Entonces coloque a Dios en primer lugar. Sus hijos no perderán nada. Por el contrario, la promesa de Dios a su pueblo restaurado es:

> *Y me serán por pueblo, y yo seré a ellos por Dios. Y les daré un corazón, y un camino, para que me teman perpetuamente, para que tengan bien ellos, y sus hijos después de ellos (Jer. 32:38-39).*

PARA PENSAR:

Si le preguntaran a su hijo: "¿Cuán importante es Dios en la vida de tus padres?", ¿cuál piensa que sería la respuesta?

¿Cómo pudiera saberlo su hijo?

PARA ACTUAR:

Escriba aquí algunas ideas para la oración e instrucción familiares que pueda implementar en el futuro cercano.

La exquisita carga

Comencé este libro diciendo que no hay fórmulas mágicas para garantizar la tarea exitosa de ser padres, sin importar cómo defina ese éxito. La razón principal de esto es que si bien en nuestro papel de padres nos consideramos muy a cargo, por supuesto, finalmente no lo somos. Una mera reflexión momentánea sobre la vida tal como la conocemos confirmará esta sencilla afirmación. Hay dos cosas que están fuera de nuestro control:

EL FUTURO

Déjeme ser abrupta: No sabemos con certeza si nuestro amado hijo estará vivo mañana.

> *¿Y quién de vosotros podrá, por mucho que se afane, añadir a su estatura un codo? (Mt. 6:27)*

Si esto no lo hace sentirse pequeño, debería hacerlo. La longitud de los días es determinada por Dios. Nosotros, los padres, somos igualmente impotentes para evitar o incluso prever las tormentas y los traumas que pueden enfrentar nuestros hijos. Cuando eran pequeños, usted ponía una protección alrededor de la cocina de gas y compraba tapas de plástico para que los enchufes eléctricos fueran inaccesibles para los curiosos dedos de los deambuladores, pero más adelante usted tiene que aceptar, aunque renuentemente, que pueden enfrentar crisis y sufrir experiencias más espantosas que cualquier cosa de su experiencia, y las enfrentarán sin usted. Usted puede prometer: "Siempre estaré aquí para ti". Pero esta es una promesa que usted no está facultado a hacer. Hay solo una persona que siempre ha dicho de verdad: "Nunca te abandonaré" (He. 13:5; Jos. 1:5).

LA RESPUESTA DE SU HIJO

Su hijo no es una computadora a la que puede programar para que se comporte de determinada manera. Su hijo es un agente responsable. Él o ella eligen opciones, más sobre cómo responder a la capacitación que usted le ha dado. Para algunos padres esto significará observar a un hijo amado desdeñarlos a ellos y a sus valores y partir a un país diferente, para derrocharlo todo. ¿Qué otra cosa pueden hacer ese padre o madre sino orar y esperar el regreso, sabiendo que hay un Padre celestial que sabe exactamente cómo se sienten?

Tomo prestada la frase "exquisita carga" del autor Arnold Bennet que al final de las novelas de Clayhanger describe al héroe como "abrazando la exquisita carga de la vida". Me parece que este epíteto pudiera aplicarse al hecho de ser padres.

Ser padres es una carga

No hay forma de escaparse de esto. Desde los días en que literalmente carga a sus hijos en sus brazos o en la espalda hasta los días cuando son lo bastante grandes como para cargarlo a usted, ser padre es llevar una carga que a veces parece ser casi insoportablemente pesada. Vale la pena señalar, sin embargo, que la mayoría de los malos momentos son breves y que no son tan graves visto en un todo como parecen en ese instante. El control de esfínteres, el pobre informe de la escuela, la mirada enfurecedora cotidiana cuando va a su dormitorio, el ombligo perforado, puede hacer que se derrame una lágrima y por cierto son asuntos a enfrentar dentro de la capacitación a largo plazo que es su tarea. Pero el mismo libro de la Biblia dice:

> *Instruye al niño en su camino, y aun cuando fuere viejo no se apartará de él (Pr. 22:6).*

También dice:

> *Sobre toda cosa guardada, guarda tu corazón, porque de él mana la vida (Pr. 4:23).*

Este es un recordatorio sumamente útil de nuestra prioridad, a menos que nos empantanemos con lo externo, lo mecánico o lo francamente superficial y poco importante. Es el corazón de su hijo lo que importa más, especialmente dada la incertidumbre de la vida, según se señaló antes. Un día puede echar una mirada de reojo a su hijo adulto y suspirar por su fracaso evidente en el área de la higiene personal, los modales en la mesa o el sentido del vestir. Pero ¿qué será importante en el trono del juicio de Cristo, que nuestros hijos deberán enfrentar al igual que nosotros mismos? ¿Qué preparará mejor a su hijo para enfrentar las crisis personales en su vida? La respuesta a estas preguntas tendrán poco que ver con ser prolijo, bien vestido o tener buenas calificaciones, si bien estas cosas tienen un valor indudable. Así que en el tema de ser padres, siempre debemos recordar concentrarnos en el corazón. Pero finalmente...

Ser padres es exquisito

Los cuatro hijos que tenemos querían figurar en este libro. Como familia feliz, frecuentemente tratamos los triunfos y los desastres de nuestra experiencia colectiva. Ellos disfrutan los cuentos de su propio descarrío: Disfrutan recordarnos a John y a mí de los momentos en que hacíamos las cosas muy mal, como la vez que nos enojamos tanto por los helados que les compramos rápidamente cayeron al suelo antes de poder darles un bocado. Pero ellos también recuerdan con disfrute y gozo los muchos juegos, canciones e historias que eran una característica de la vida familiar. Nadie les puede quitar esas cosas. El año pasado tuvimos el privilegio de pasar las vacaciones en Bretaña con todos nuestros hijos además de nuestras nueras y otros amigos. En la última noche compartimos una agradable cena en un restaurante. Apoyé mi espalda en la silla y observé su viva interacción y pensé: ¡De esto se ha tratado todo! ¡Uno cría gente con la que es un placer cenar! Esta también es una imagen de Dios: Esta es la agenda para los suyos:

> *Y el ángel me dijo: Escribe: Bienaventurados los que son llamados a la cena de las bodas del Cordero. Y me dijo: Estas son palabras verdaderas de Dios (Ap. 19:9).*

John F. MacArthur

Cómo ser padres Cristianos exitosos

CÓMO SER PADRES CRISTIANOS EXITOSOS
John MacArthur

El conocido pastor-maestro MacArthur presenta de una manera clara y lógica cómo criar a los hijos según el camino de Dios.

ISBN: 0-8254-1492-X / Rústica

Guillermo D. Taylor
Sergio E. Mijangos, Psy.D.
PRÓLOGO DE EMILIO A. NÚÑEZ

La familia
Auténticamente
cristiana

LA FAMILIA AUTÉNTICAMENTE CRISTIANA

Guillermo D. Taylor y Sergio E. Mijangos

Este conocido libro para las familias cristianas trata, entre otros asuntos, el papel del hombre y la mujer en el hogar, la sexualidad y las finanzas.

ISBN: 0-8254-1702-3 / Rústica

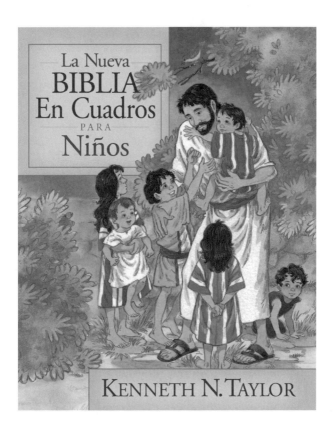

LA NUEVA BIBLIA EN CUADROS PARA NIÑOS
Kenneth N. Taylor

Los niños y sus padres disfrutarán mucho las nuevas y hermosas ilustraciones en esta edición. Sin duda uno de los mejores libros para niños de nuestro tiempo.

ISBN: 0-8254-1709-0 / Tapa dura

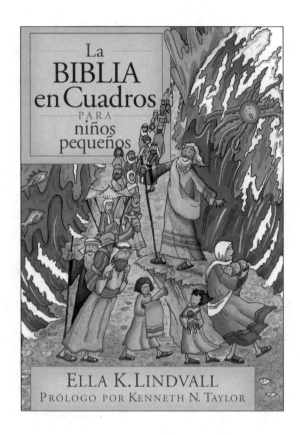

LA BIBLIA EN CUADROS PARA NIÑOS PEQUEÑOS
Ella K. Lindvall

Cuenta las historias más importantes de la Biblia a un nivel sencillo y fácil de entender.

ISBN: 0-8254-1710-4 / Tapa dura

MI PRIMERA BIBLIA

Leena Lane y Gillian Chapman

En este libro encontrará todas las historias de la Biblia conocidas y apreciadas por varias generaciones de lectores, vueltas a contar para los niños de hoy.

ISBN: 0-8254-1383-4 / Tapa dura

MEDITACIONES PARA NIÑOS
Kenneth N. Taylor

Meditaciones para la hora devocional de los niños. Con ilustraciones, preguntas, oraciones, himnos y lectura bíblica.

ISBN: 0-8254- 1707-4 / Rústica

TESOROS PARA NIÑOS
Children's Bible Hour

De los programas de radio más populares de la Hora bíblica radial de los niños se han tomado las historias que componen este devocional para todo un año.

ISBN: 0-8254-1123-8 / Rústica

TESOROS PARA NIÑOS, tomo 2
Children's Bible Hour

El segundo tomo de devocionales diarios para niños tomado del popular programa de la Hora bíblica radial.

ISBN: 0-8254-1113-0 / Rústica